U0583546

集人文社科之思　刊专业学术之声

集 刊 名：北大中东研究
主　　编：付志明
副 主 编：廉超群

MIDDLE EAST STUDIES OF PKU

总第5期

集刊序列号：PIJ-2015-159
集刊主页：www.jikan.com.cn/ 北大中东研究
集刊投约稿平台：www.iedol.cn

CNKI 中国学术期刊网络出版总库收录

集刊全文数据库（www.jikan.com.cn）收录

付志明　主　编

廉超群　副主编

（总第5期）

北大中东研究

Middle East Studies of PKU

社会科学文献出版社

SOCIAL SCIENCES ACADEMIC PRESS (CHINA)

《北大中东研究》编委会

目　录

历史与文化研究

现当代问题研究

文学研究

数字人文研究

历史与文化研究

古代阿曼与中国关系四题*

王小甫**

内容提要 本人近年研究古代阿曼与中国关系，有四项新见：（1）阿曼特产乳香，至少在公元前 5 世纪就已经传入中国；（2）公元 100 年，阿曼古国蒙奇（Magan）、兜勒（Dhofar）一起遣使到中国洛阳，接受了东汉皇帝对国王的封赐；（3）汉文古文献中的安息－波斯商人主要就是古代阿曼的阿兹德（Azd 'Uman）商团，大食商人则是信仰伊巴德教派（Ibadhism）的古代阿曼海商；（4）郑和下西洋的航线和范围很可能受到了古代阿曼海商活动的影响。

关键词 香丝之路 蒙奇 兜勒 大食商人 郑和下西洋

　　本文最初得到"北京大学（阿曼）卡布斯苏丹阿拉伯研究讲席"资助，进行题为"古代阿曼与中国关系史"的课题研究。这个课题研究要求中国学者从阿曼的视角来考察历史上阿曼和中国的关系以及交往活动。近年来阿曼参与建设"一带一路"后，逐渐被世人了解。阿曼位于阿拉伯半岛东南角，可以说是西亚最靠近东方的地方。但是中国古代文献里很少直接提到这个国家，也很难直接在传统文献史料中找到中国与阿曼关系史的相关资料。然而如果换个角度，从阿曼方面来看它和中国关系，就会有一些独特的发现。

---

　　* 本文为国家社科基金 2019 年重大项目"汉唐间丝绸之路历史书写和文学书写文献资料整理与研究"（项目批准号：19ZDA261）阶段性成果。本文曾提交"纪念何兹全先生诞辰 110 周年暨中国传统经济及其转型学术研讨会"，收入本书时进行了修订。
　　** 王小甫，北京师范大学历史学院特聘教授。

一 香丝（谐音：相思）之路：阿曼与中国交流的开始

乳香是阿曼的特产。最著名的"乳香产地"（the Land of Frankincense），被联合国教科文组织认定的世界文化遗产主要是在阿曼佐法尔地区，包括乳香树、科尔罗里港和一些古代香料贸易商队驿站遗迹。[①] 乳香是一种熏香，有材料显示中国熏香专用的博山炉出现在公元前 5 世纪，[②] 表明当时阿曼乳香就已经传到了中国。中国传统文献称乳香为薰陆香，薰陆恐即熏炉之讹。薰陆香别名安息香，也可以证明其与阿曼的关系，即中国乳香来自古代安息（the Arsacid dynasty，公元前 247 年至公元 224 年）属国阿曼。

据笔者研究，古代传到中国的阿曼特产除了乳香，还有珊瑚、玳瑁、珠玑；经由阿曼传到中国的外域特产有玻璃、祖母绿、苏合香、琥珀等。[③] 经由阿曼传到域外的中国特产主要来自四川，有丝产品（蜀锦、缯帛）、枸酱，以及瓷器等。之所以依据这些物品来研究古代阿曼与中国的交流，主要是基于《红海周航记》[④]（The Periplus Maris Erythraei）所记载的提飓（今巴基斯坦卡拉奇）[⑤] 港口市场上的进出口货物。考古发现和古代楔形文字材料都表明，早在 4000 多年前，两河流域文明经巴林、阿曼

---

① 参见"维基百科""Frankincense"条，https://en.wikipedia.org/wiki/Frankincense,2018 年 4 月 8 日；参见联合国教科文组织（UNESCO）世界遗产委员会网站世界遗产名录"Land of Frankincense"条，http://whc.unesco.org/en/list/1010, 2018 年 4 月 13 日。

② A. G. Wenley, "The Question of the Po-shan Hsiang-lu," *Archives of the Chinese Art Society of America*, Vol.3, 1948–1949, pp.5–12;〔美〕薛爱华：《撒马尔罕的金桃——唐代舶来品研究》，吴玉贵译，社会科学文献出版社，2016，第 403 页注 2。

③ 王小甫：《香丝之路：阿曼与中国的早期交流——兼答对"丝绸之路"的质疑》，《清华大学学报》（哲学社会科学版）2020 年第 4 期。

④ Lionel Casson, *The Periplus Maris Erythraei: Text with Introduction, and Commentary*, Princeton University Press, 1989. 除特别注明外，本文以下所引《红海周航记》均为此本。

⑤ 《红海周航记》第 38 节记载："Barbarikon，在它的前沿有一个小岛。"据此可知，西方古代文献里的 Barbarikon 就是今巴基斯坦港口城市卡拉奇，因为，近代英国人的游记中还写道："卡拉奇市的一部分和卡拉奇港（南边）的 Manora 岛一起构成了 Debal 市。"这后一个名称即阿拉伯史料中的 Daybul（Dīwal=Dībal دیبل，一说源自梵语神龛 Devalaya），汉文史料中记载的"提飓"即指此港。参见张广达《海舶来天方 丝路通大食——中国与阿拉伯世界的历史联系的回顾》，载《文本、图像与文化流传》，广西师范大学出版社，2008，第 133 页注 2；参见"维基百科""Karachi"条，https://en.wikipedia.org/wiki/Karachi,"Debal"条，http://en.wikipedia.org/wiki/Debal，2018 年 1 月 9 日。

（Magan）和印度哈拉帕（Harappan）文明① 之间就发展起了海运贸易活动，这条经波斯湾、阿曼湾沟通两河与印度河的航路就是后来著名的"条枝走廊"（Characene corridor），或称"阿拉伯走廊"②。阿曼是连接古代绕行阿拉伯半岛曲折海路和西亚通往东方海路的关键节点，是东西方海路交通不可回避的枢纽要冲。当时印度西北海岸最重要的商业港口是提飓和婆楼割车（Barygaza，今印度坎贝湾里的布罗奇），来自西亚的希腊－罗马商品可以从这里经陆路北上进入中亚、中国新疆和西藏，丝绸之路陆海两道就此联通。③

自得知公元 1 世纪写成的《红海周航记》中关于信风的记载后，人们对信风赋予了太多诗意的想象："把船只推进浩瀚的大洋，直驶东方，然后又把它们送回原来出发之地。"④ 这类描述导致许多学者把信风在古代跨印度洋航行中的作用视为不言而喻的利好，从而夸大东西方直航的意义，忽视传统常规航线，甚至掩盖了许多历史真相。其实，希腊－罗马商人在发现并利用信风以前，沿海岸航行一直是其海路交通的唯一办法。⑤《红海周航记》的研究者对信风作用做了客观的描述："（夏季的）西南季风是喧嚣吵闹的狂风暴雨，有着丰富亲身经历的阿兰·魏乐思（Alan Villiers）写道：'倾盆大雨持续不断，天气常常如此糟糕，印度海岸的作业港口全都关闭，较小的商船纷纷避难'"；⑥ 冒险前往印度——至少我们的史料（即《红海周航

---

① 20 世纪 20 年代发现的印度河流域文明（繁荣期约为公元前 2800 年至公元前 1750 年），主要有摩亨佐－达罗（Mohenjo-daro）和哈拉帕（Harappa）两个大城市中心，都在今巴基斯坦境内，前者在俾路支省，后者在旁遮普省。

② Cf. Lawrence G.Potter ed., *The Persian Gulf in History,* New York: Palgrave Macmillan, 2009, p.167.

③ 〔英〕赫德逊：《欧洲与中国》，李申、王遵仲、张毅译，中华书局，1995，第 50、60~62 页。因此，《汉书·西域传》里提到罽宾（今克什米尔）有珍珠、珊瑚、琥珀、璧流离等宝物，也有可能是传统海道商品，即经由阿曼转贩而来甚至就是阿曼本地所产，而非前人所谓"最早是波斯所产"。〔美〕劳费尔：《中国伊朗编》，林筠因译，商务印书馆，2001，第 354 页。

④ 〔阿拉伯〕佚名：《中国印度见闻录》，穆根来、汶江、黄倬汉译，中华书局，1983，法译本序言第 24 页。

⑤ 《红海周航记》第 57 节记载："刚才讲述的从虏那和阿拉伯福地（Eudaimôn，指亚丁）起（到柯枝和故临）的这整个沿海航线，以前人们常常乘小船循着那些海湾的曲线航行。希帕罗斯（Hippalos）船长用测绘贸易港口位置和海洋形态的办法，首次揭示了跨越浩瀚洋面的航线"（第 85~87 页）；〔英〕赫德逊：《欧洲与中国》，李申、王遵仲、张毅译，中华书局，1995，第 47 页。

⑥ *Monsoon Seas*, New York, 1952, p.7.

记》）认为最重要的是，"好在直接越过浩瀚大洋，只需要一年，投资资本就能产生回报。但所需资金数额巨大，而且存在相当的风险因素。这种贸易机会只对能够承受西南季风力量的强大船只的拥有者开放，以及对于有钱的商人开放，他们买得起印度出口的奢侈品货物——香料、丝绸等，以填满宽敞的货舱。印度贸易是针对大型经营者的，无论他是船东还是贸易商"。① 然而，奢侈品贸易毕竟只占环印度洋航海活动和商业交流的很少一部分，海上更多的活动还是有关大宗商品即日用物资的运输交易。"对波斯湾沿岸、阿拉伯半岛南部和东非而言，印度是纺织品、食品以及原料的提供者……这些贸易为阿拉伯人或印度人所操控。"② 可见，古代印度洋周边的交流绝大多数是遵循地方传统的近海航线来进行的。所以，直到近代以前，阿曼长期是这条航线的国际交通枢纽。

作为东西方交通枢纽的同时，阿曼也是当时的一个国际贸易中心。《后汉书·西域传》略云："大秦国，一名犁鞬，以在海西，亦云海西国。……与安息、天竺交市于海中，利有十倍。……其王常欲通使于汉，而安息欲以汉缯彩与之交市，故遮阂不得自达。"③ 这里"大秦"指古代罗马帝国（公元前 30 年至公元 476 年）所属地中海东岸的埃及、叙利亚等地。所谓与安息"交市于海中"，在当时的历史、地理情况下只能理解为以安息南界悬在海外的属国阿曼为国际贸易转口港。④ 因此，据笔者研究，张骞通西域以后，域外最早献给中国的"大鸟卵及犁靬眩人"，⑤ 应该也是经阿曼传过来的。

---

① 参见《红海周航记》附录 3《前往非洲、阿拉伯半岛和印度的航程》，第 283、291 页。原文这里有一个脚注："《红海周航记》的作者劝告前往阿拉伯半岛南部海岸或印度的船只躲避红海阿拉伯沿岸的浅滩和海盗，保持一个位于其中心的航向——直航约 800 海里。在他的心目中肯定是一艘大型商船，乘着西南信风航行前往印度。"

② 《红海周航记》导言，第 18~19 页。

③ 《后汉书·西域传》，中华书局标点本，第 2919~2920 页。

④ 《剑桥伊朗史》的编者这样写道：阿曼"在历史上曾长期与伊朗有政治和文化联系。在萨珊时代，它是波斯的前哨，是皇帝们力图控制印度洋贸易和保证在以'阿拉伯福地或香料阿拉伯'（Arabia Felix or Arabia Odorifera）著称的哈达拉毛和也门富裕的农业地区站稳脚跟的阵地链中的一环"。Ehsan Yarshater ed., *The Cambridge History of Iran*, Vol. 3, No. 1, 1983, pp.603–604.

⑤ 《汉书·张骞传》："骞卒后岁余，其所遣副使通大夏之属者皆颇与其人俱来，于是西北国始通于汉矣。然骞凿空，诸后使往者皆称博望侯，以为质于外国，外国由是信之。……而大宛诸国发使随汉使来，观汉广大，以大鸟卵及犁靬眩人献于汉，天子大说。"

二　古代阿曼与中国直接通使

据《后汉书·和帝纪》记载，永元九年（97），甘英使大秦（罗马帝国）抵条支（今波斯湾头）临大海折返后，永元十二年（100）"冬十一月，西域蒙奇、兜勒二国遣使内附，赐其王金印紫绶"。蒙奇、兜勒在哪里？有人曾将二名连读，认为指欧洲马其顿（Makedonija），然而《后汉书·和帝纪》明确记载："冬十一月，西域蒙奇、兜勒二国遣使内附"，说明并非单一地方。或说蒙奇为今也门东北海岸港口穆卡拉（Mukalla），兜勒或指推罗（Tyre，今黎巴嫩西南海岸苏尔），仅据语音近似，难以自圆其说。笔者认为，《后汉书》所记东汉时代的汉语音韵属于汉语上古音，蒙奇二字读音可拟测为"moŋ ɡĭa"[1]，用于对译中古以前西亚各语言中的阿曼古国名"Magan"[2]正合适，恰如唐宋时代用"没巽、勿巡"音译中古波斯语阿曼国名"Mazūn/Māzūn"一样适当。在这种情况下，笔者认为将与蒙奇一起来朝的兜勒比定为阿曼国的佐法尔地区就很恰当，二者语音不难勘同——兜勒二字上古音可拟测为"to lək"，佐法尔"ظفار"转写为"Dhofar"，历史地理状况也允许这种比定。[3]

从远国"皆来归服"和"二国遣使归附"的表述来看，阿曼这次遣使属于国家正式通交。虽然《汉书·西域传》记载为"遣使贡献"，与汉唐时代域外来华贸易中国特产（丝绸、书籍等），为求获得贩运许可而托名"贡

① 郭锡良编著《汉字古音手册》，北京大学出版社，1986，第74、270页。
② 阿曼古国名 Magan 在古代不同语言的材料中有多种写法，如苏美尔语的 Magan，阿卡德语的 Makkan，古代波斯语的 Maka，埃兰语的 Makkash 等，参见 The Persian Gulf in History, New York: Palgrave Macmillan, 2009, pp.32, 37, 38, 并请参考《伊斯兰百科全书》新版"阿曼"条（"'Umān," The Encyclopedia of Islam, X:814b, Web CD edition, Brill Academic Publishers, 2003）。
③ 据《红海周航记》第32节记载，从南往北过了盖迈尔湾就是阿曼；第33节提到"在 Zenobios 群岛（今哈拉尼亚特群岛，亦称库里亚穆里亚群岛）后面延伸着另一片乡土，由一种土著人口居住，他们不再属同样的王国，而已在法尔斯（Persis）的属地境内"。这种情况与此后不久汉文史料以"西域蒙奇、兜勒二国"指称阿曼完全一致，也表明当时中国人已经从二国共同遣使归附看出他们其实本为同一地域。

献"① 并无二致，但《后汉书·和帝纪》明确记载"赐其王金印紫绶"，可以认为是对"归服""归附"等作为外臣藩属性质活动表示的特殊国家关系予以确认。这种关系的重要程度如何呢？我们可以从《后汉书》记载的"金印紫绶"的等级地位以及当时有关的赏赐活动一窥端倪。

> 建武元年，复设诸侯王金玺綟绶，公侯金印紫绶。……
>
> ——《东观书》②

九卿、执金吾、河南尹秩皆中二千石，大长秋、将作大匠、度辽诸将军、郡太守、国傅相皆秩二千石。——《后汉书》注文

《汉官仪》曰："二千石，金印紫绶"也。——《后汉书》注文

列侯，所食县为侯国。本注曰：承秦爵二十等，为彻侯，金印紫绶，以赏有功。功大者食县，小者食乡、亭，得臣其所食吏民。后避武帝讳，为列侯。武帝元朔二年，令诸王得推恩分众子土，国家为封，亦为列侯。旧列侯奉朝请在长安者，位次三公。中兴以来，唯以功德赐位特进者，次车骑将军。——《后汉书·志·百官五》

九年，徼外蛮及掸国王雍由调遣重译奉国珍宝，和帝赐金印紫绶，小君长皆加印绶、钱帛……和帝永元十二年，旄牛徼外白狼、楼薄蛮夷王唐缯等，遂率种人十七万口，归义内属。诏赐金印紫绶，小豪钱帛各有差……顺帝永建六年，日南徼外叶调王便遣使贡献，帝赐调[便]金印紫绶。——《后汉书·列传·南蛮西南夷传》

简单说，东汉获赐"金印紫绶"官员的国内地位和待遇大致与地方一级行政区长官相当；外域（徼外）则为大邦藩属国王，如掸国，即今缅甸，叶调（Yavadvipa），即今印尼爪哇和苏门答腊等。③ 阿曼（蒙奇、兜勒）作

---

① 如《汉书·西域传》：罽宾"奉献者皆行贾贱人，欲通货市买，以献为名，故烦使者送至县度"，"罽宾实利赏赐贾市，其使数年而一至云"。唐《关市令》虽规定"锦、绫、罗、縠、紬、绵、绢、丝、布、牦牛尾、真珠、金、银、铁，并不得度西边、北边诸关及至缘边诸州兴易"，但又说明："诸禁物不得将出关。若蕃客入朝别敕赐者，连写正敕，牒关勘过。"《天一阁藏明抄本天圣令校证：附唐令复原研究》（全二册），中华书局，2006，第534 页。

② 此当指《东观汉记》，是一部记载东汉光武帝至灵帝历史的纪传体史书，因官府于东观设馆修史而得名，它经过几代人的修撰才最后成书，作者先后有班固、陈宗等。

③ 陈佳荣等编《古代南海地名汇释》，中华书局，1986，第 1074 页。

为"西域""远国"来归附,"赐其王金印紫绶",地位与缅甸和印尼相当,完全符合东汉王朝的帝国政治体制;有封赐名分的外国据其国王地位享有相应的外贸期次和商品种类的优待,使者还享有"赏赐、赠礼、程粮、传驿之费"以及送使、报聘等礼遇。[①] 总之,阿曼(蒙奇、兜勒)首次遣使中国,双方直接建立了联系,有利于阿曼乃至阿拉伯国家和地区与中国的交流及沟通,这是古代阿曼与中国关系史上具有划时代意义的重大事件。[②]

三 汉文古文献记载的安息－波斯和大食商人主要是阿曼人

汉文文献经常将来华波斯人原籍记载为安息,如,"李元谅本骆元光,姓安氏,其先安息人也";"(安)候讳附国,其先出自安息,以国为姓";李玹"其先波斯国人,随僖宗入蜀……以鬻香药为业"等,[③] 说明二者有继承性。然而据史料记载,由于安息实行贸易垄断和经常发生战争,大秦国(罗马帝国)欲得汉缯彩,只得"与安息、天竺交市于海中,利有十倍"(《后汉书·西域传》)。也就是说,只能是以安息南界悬在海外的属国阿曼为国际贸易转口港。上引史料记载来华安息－波斯人以贩卖香药(乳香等)为业也证明了这一点。研究表明,大约从2世纪开始,阿曼阿兹德人(Azd 'Uman)融合了当地原住民蒙奇人(Magan)和波斯人,发展起了波斯湾和阿拉伯海最大的商贸帝国,中世纪波斯湾东岸最发达的港口尸罗夫(Siraf)实际上控制在阿曼人手里。[④]

直到中古时期,即萨珊波斯时期,波斯语里的"商贸"一词还主要借自阿拉伯语,[⑤] 表明商品交易尤其是长途贩运和国际贸易在古代直到中世纪的波斯社会生活中作用很小,"在其发展过程中也不起关键性作用","贸

① 见《新唐书·西域传》下。有关传统外交礼遇可参《通典·礼典》宾礼。较为全面系统的研究可参考程妮娜《从"天下"到"大一统"——边疆朝贡制度的理论依据与思想特征》,《社会科学战线》2016年第1期。
② 王小甫:《香丝之路:阿曼与中国的早期交流——兼答对"丝绸之路"的质疑》,《清华大学学报》(哲学社会科学版)2020年第4期。
③ 张星烺编注、朱杰勤校订《中西交通史料汇编》(第三册),第六编《古代中国与伊兰之交通》,第五章《波斯人入仕于唐及五代》,中华书局,1978,第128及以下各页。
④ Cf. Andre Wink, Al-Hind: The Making of the Indo-Islamic World, Vol.1, Boston·Leiden: E.J. Brill, 2002, p.55.
⑤ 实际上,波斯语中的贸易者或商人这个词,以至商业、贸易等同源词,全都来自阿拉伯语 tajr(经商、兴贩、做买卖)这个词根。

易并不在当地历史上发挥积极作用"。① 那么，为什么安息宫廷和萨珊波斯王室还都非常重视国际贸易，保护并鼓励依附商团（its own dependent merchants）的货主，开辟拓展海陆交通和海外市场呢？最新研究表明，这实际上不是一个简单的经济问题，而是关系到重大政治经济和政治文化的问题。伊朗由于地理条件的原因，中央高原和分散周边的不同地域对形成集权帝国非常不利，名为统一的王室宫廷与高度自治的各地贵族同时并存，国家最高统治者其实只是王中之王或众王之王。在这种国体不变的情况下，除了拜火教的加冕，王室垄断国际商贸活动成了提高、强化其权力和地位的重要财政资源。② 国际贸易长途贩运的商品都是奢侈品，古代帝国可以通过征税和投资从国际贸易中获利；伊朗地处罗马帝国和中国这两个欧亚大陆最大奢侈品市场的居间位置，因而王室能够从这种适于长途贩运的"轻货"（量轻价高）交易中获益。③ 然而，谁来为王中之王——安息宫廷或波斯王室行使这一特权呢？换言之，谁是"伊朗商人"呢？

这个问题目前已有相关研究，并被定义为帝国统治者（宫廷、王室）所属的"依附商团"或者"御用商团"，主要有：公元 1~3 世纪初服务于安息宫廷的帕尔米拉商人团体，3~7 世纪初服务于波斯王室的叙利亚基督教（聂斯托利派，即景教）商人团体，以及犹太商人团体等。④ 但是，对于同东方尤其是同中国的关系来说，这里首先应该提到、最值得称道的是阿曼商团及其船队，也就是中国古代文献中记载的安息 - 波斯胡商。如本文所揭示的，阿曼早在安息时代就包揽了西方世界和中国的几乎所有海路交往，有鉴于此，中古波斯语甚至直接就把这一跟中国打交道的群体称作

---

① 〔美〕理查德·配恩：《丝绸之路与古代晚期伊朗的政治经济》，李隆国译，载王晴佳、李隆国主编《断裂与转型：帝国之后的欧亚历史与史学》，上海古籍出版社，2017，第 81、89~90 页。

② 〔美〕理查德·配恩：《丝绸之路与古代晚期伊朗的政治经济》，李隆国译，载王晴佳、李隆国主编《断裂与转型：帝国之后的欧亚历史与史学》，上海古籍出版社，2017，第 83~84、97 页。

③ 〔美〕理查德·配恩：《丝绸之路与古代晚期伊朗的政治经济》，李隆国译，载王晴佳、李隆国主编《断裂与转型：帝国之后的欧亚历史与史学》，上海古籍出版社，2017，第 83、92~94、97 页。

④ 〔美〕理查德·配恩：《丝绸之路与古代晚期伊朗的政治经济》，李隆国译，载王晴佳、李隆国主编《断裂与转型：帝国之后的欧亚历史与史学》，上海古籍出版社，2017，第 88~90 页。

Tājr（大食），即使用阿拉伯语的商人。① 如前所述，古代直到中世纪，阿拉伯海包括波斯湾的海路航行和航海贸易，主要掌握在阿曼商人和航海家手里。其他依附商团的货主一旦进入这一海域，也只能与海运船主（阿曼船队）合作。

伊斯兰教兴起以后，阿曼人主要宗奉伊巴德教派（Ibadhism）；阿拉伯伊斯兰帝国被唐代中国称为大食，宗奉伊巴德教派的阿曼海商因而被称为大食商人，由于他们的积极活动，印度洋成了"讲阿拉伯语的地中海"。据研究，"首批侨居中国的阿拉伯人，其原籍都是阿曼人"。② 其实还不止此，迄今发现很多有关海上丝绸之路的史料和文物大多和阿曼海商有关，如阿拉伯文史料《中国印度见闻录》，印尼勿里洞岛海域打捞起单桅缝制的"黑石"号（Belitung）沉船，宋元之际闽广地域蕃商世家蒲寿庚家族，以及据考其故乡为阿曼的元代《不阿里神道碑铭》等。③

四　郑和下西洋与阿曼海商活动

15 世纪初郑和率庞大"寻宝"船队七下西洋，其中后四次都到了印度以西，郑和船队在西印度洋的航线呈现如下特点：①全走近海海路沿海岸航行，从未利用季风横渡印度洋；④ ②到霍尔木兹即折向南，未曾进入过波斯湾（此前有元代马可·波罗回国经过），这显然是阿曼人的传统过洋航海

---

① 〔英〕布隆荷尔：《中国与阿剌伯人关系之研究》，朱杰勤译，载《中外关系史译丛》（第一辑），上海译文出版社，1984，第 44 页注 19；并请参见《中国大百科全书》（中国历史卷），"大食"条。

② 〔阿拉伯〕佚名：《中国印度见闻录》，穆根来、汶江、黄倬汉译，中华书局，1983，法译本序言第 24 页。迄今，人们所知最早来华并留下姓名的阿拉伯商人就是一位阿曼伊巴德教派教长阿卜·乌拜达（Abū ʿUbayda ʿAbdallāh b. al-Qāsim），绰号萨希尔（al-ṣaghīr，意为"小"），他曾在 758 年以前某个时期从事对中国的沉香木贸易，参见《文本、图像与文化流传》，广西师范大学出版社，2008，第 143 页。

③ 刘迎胜：《从〈不阿里神道碑铭〉看南印度与元朝及波斯湾的交通》，载刘迎胜《海路与陆路——中古时代东西交流研究》，北京大学出版社，2011，第 20~31 页。

④ 只有第七次，即最后一次，郑和已经回到印度西海岸的古里（今卡利卡特），当地的船要去麦加朝觐，郑和派马欢等人跟随横渡大洋去麦加给天方献礼。所以郑和主要是走的传统路线。

路线；③南下也没有进入红海（麦加朝觐 [①]）；④最远到达莫桑比克海峡一带，即到所谓斯瓦希里海岸（Swahili Coast）[②] 南端戛然而止。

笔者研究发现：这样的航线和活动范围基本上是历史上阿曼阿兹德海商群体海上贸易帝国的主要航行路线和范围，而阿曼海商所经营的对象完全符合郑和船队携巨量丝绸泛海"寻宝"的目的。全面的论述有待更多系统的研究，这里仅引美国威斯康星大学教授安德烈·温克（Andre Wink）在其名著《印地：印度伊斯兰世界的形成》中的两段论述略窥一斑： [③]

> 移民非洲的第一批阿拉伯人是从波斯湾来的持不同政见者。稍后经常有从尸罗夫（Siraf）和阿曼来的船只，带着水手和商人，主要属于阿兹德（Azdi）部落。阿曼的阿拉伯人在这些海岸的影响力变得很大，以至于经常被当作阿曼王国的政治扩张来看待。例如桑给巴尔，就有很长时间处在阿曼苏丹的宗主权之下。从波斯湾和亚丁，这些东非城镇被与提飓（Daybul/Debal，今巴基斯坦卡拉奇）或坎贝（Cambay，今印度布罗奇的外海湾）连接沟通。阿拉伯人的航行和海岸殖民看来没有超过索法拉（Sofala，莫桑比克北部）和马达加斯加……在 Manda 岛（属肯尼亚拉穆群岛）发现的中国和伊斯兰陶器属于 9~10 世纪。到 10 世纪，马斯乌迪给出了另外一条说明桑给巴尔海岸有着广泛航海商业的证据。他写道，阿拉伯人操控着巨大的贸易：象牙、琥珀、铁器、奴隶，除此而外还有金子。除了努比亚和瓦迪·阿拉奇那些生产金子运往阿斯旺的矿山，我们还经常听到说"金子索法拉"

---

① 有观点认为郑和是穆斯林，他的下属也有一些是穆斯林，如马欢、费信。有能力的穆斯林一生至少应到麦加朝觐一次，这是其宗教义务。

② 斯瓦希里海岸一词是指从索马里北端的摩加迪沙到坦桑尼亚南部的基卢瓦，沿非洲东部延伸的海岸线。其间的主要港口和城镇总计超过 35 个，包括马林迪（Malindi）、蒙巴萨（Mombassa）、彭巴（Pemba）、桑给巴尔和马菲亚（Mafia）岛等。除了这些主要遗址外，非洲东部沿海地区还散布着约 400 个较小的古代遗址。斯瓦希里一词源于阿拉伯语 "sahil"（海岸），意为"滨海人"。它不仅指沿海地区，还指那里所说的语言，这是一种在公元 1 世纪中叶出现的班图语。后来，许多阿拉伯语词汇混入，斯瓦希里语成为东非的通用语言，即使也发展起了不同的方言，今天在东非仍然使用该语言，并且是肯尼亚和坦桑尼亚的官方语言之一。参见 Mark Cartwright, "Kilwa," *Ancient History Encyclopedia*, https://www.ancient.eu/Kilwa, Last modified: March 29, 2019。

③ Andre Wink, *AI-Hind : The Making of the Indo-Islamic World*, Vol.1, Boston · Leiden: E.J. Brill, 2002.

（sufalat adh-dhabab），所在地在今天的莫桑比克。基卢瓦（Kilwa,[①]坦桑尼亚南部古海港）或许直到 14 世纪都是最重要的移居地，原因在于它在索法拉金子贸易中的作用，以及与印度乃至更远的连接。到了 15 世纪，从木骨都束（摩加迪沙）到基卢瓦的贸易城镇据统计有 37 座之多。【p.29】

尸罗夫的重要性仅次于巴士拉处于第二位。阿拉伯地理学家们描述其壮观的建筑"连绵不断，望不到边"，而且他们强调它的财富几乎完全来自同印度、中国和非洲的贸易。尸罗夫码头显然对大型船只更具优势，因为它能使它们躲避波斯湾的风暴和巴士拉附近三角洲地带的航行障碍。由于这些条件，加上阿拉伯人和波斯人混杂，在白益王朝时期（Buyid，932~1044 年），尸罗夫甚至使巴士拉黯然失色，特别是 'Adud ad-Daula 当政时（948~972 年），整个沿海地区的贸易非常发达。白益王朝不仅粉碎了俾路支部落一直以来对霍尔木兹海峡的威胁，而且进一步巩固了对阿曼港口的控制，此后大量的尸罗夫商人移居到阿曼的主要港口苏哈尔。至此，尸罗夫达到了它的顶峰，于是从中国南部到索法拉（南界为莫桑比克的赞比西河口，这个范围正是上述阿曼阿兹德部落海上贸易帝国的领域），经常都可以遇到它的船舶。【p.55】

由此可见，所谓斯瓦希里海岸古代发达的经济文化，实际上主要是由阿曼人开发出来的。郑和下西洋的航线、活动范围乃至郑和本人及其船队中大量穆斯林随从（马欢、费信等人）的出身，都可能与阿曼历史文化有着极为密切深远的关系，值得进一步研究。

2021 年 7 月 20 日星期二修订于北京海淀五道口嘉园寓所

---

① Cartwright, Mark, "Kilwa," *Ancient History Encyclopedia*, Last modified: March 29, 2019, https://www.ancient.eu/Kilwa/.

从俚谣中的语码转换看安达卢斯地区语言差异与社会分层的动态互动

【内容提要】本文以伊本·古兹曼的俚谣集为材料，通过对其中安达卢斯阿拉伯语、罗曼语和柏柏尔语的语码转换现象的梳理和提炼，结合指向性理论和语码转换中的基底语言理论，分析穆拉比特王朝统治时期安达卢斯地区语言差异与社会分层之间的动态互动现象。本文认为，安达卢斯地区多种语言及其不同层次变体并存，特定社会阶层的语言使用与特定语言变体之间产生指向性关联。语言变体并非局限于特定的社会阶层，而是可以成为说话者掌握、调用的语言资源，说话者根据不同条件选择与其他社会阶层存在指向性关联的语言变体。这一选择在反映社会阶层与语言变体指向性关联的同时，又反向强调了该语言或语言变体所指向的社会身份和社会关系，语言差异与社会分层之间的关联在这一动态互动中相互影响与构建。

【关键词】安达卢斯地区　语言差异　社会分层　语码转换　俚谣

一　前言

语码转换（code-switching）是一种语言接触现象，定义为在同一言语

---

* 季雨亭，北京大学外国语学院阿拉伯语系硕士研究生。

事件中交替使用来自两种或更多语言的材料。[①] 本文选取伊本·古兹曼（Ibn Quzmān，1087~1160）的俚谣集作为研究语码转换的材料，分析 11~12 世纪安达卢斯地区语言差异与社会分层的动态互动。俚谣（zajal）产生于 9 世纪，最早的记录可追溯到 12 世纪初伊本·巴扎（Ibn Bājja）的作品。[②] 俚谣作为研究安达卢斯地区语言差异的代表性材料，包含了安达卢斯地区使用的多种语言和语言变体及丰富的语码转换现象。虽然俚谣中的语言材料并非未经加工的真实语言使用记录，但作为珍贵的历史语料，可以反映当时语言接触和语言使用状况。一方面，俚谣中使用不同语言变体进行语码转换，说明一定拥有能够理解这一形式作品的受众；另一方面，书面语码转换的相关研究表明其模式与口语的语码转换相似，即俚谣与当时的口语具有相似的话语功能和社会语用特征。[③] 伊本·古兹曼俚谣的受众涵盖了不同社会阶层的群体，作品中也描写了市场、社区邻里、酒馆、战场和监狱等反映社会分层的场景的语言状况，一定程度上记录并反映了当时的公共社会生活和语言使用。因此本文认为伊本·古兹曼的俚谣集适合作为研究语码转换的材料。

伊本·古兹曼的俚谣集中使用的语言包括古典阿拉伯语、安达卢斯阿拉伯语、罗曼语和柏柏尔语，表现出安达卢斯地区语言使用的多元化与层级化。在穆斯林在伊比利亚半岛建立统治之前，半岛上的原住民主要使用拉丁语作为书面语言，罗曼语作为口头语言。阿拉伯语则在由阿拉伯人和柏柏尔人组成的穆斯林军队征服伊比利亚半岛之后进入安达卢斯地区。不同的种族、宗教信仰和语言在此交织，阿拉伯穆斯林男子同基督徒女性的通婚尤为常见，改教至伊斯兰教的比例也日渐上升，与此相伴随的更是语言变体之间的接触与融合，阿拉伯语渗透到政治、经济和社会生活的方方面面。穆斯林统治的安达卢斯地区在行政公文、教育教学和诗文创作等正式、书面领域均使用古典阿拉伯语，而日常的口头交流则使用阿拉伯语的方言变体，这些方言变体具有十分相似的语音、形态和句法特征，后来被

---

① Ofelia García, Nelson Flores, and Massimiliano Spotti, *The Oxford Handbook of Language and Society* ,Oxford: Oxford University Press, 2017, p. 164.

② James T. Monroe, *Hispano-Arabic Poetry: A Student Anthology* , Piscataway, NJ, USA: Gorgias Press, 2004, p. 40.

③ Almeida Jacqueline Toribio, "Spanish–English Code–Switching among US Latinos," *International Journal of the Sociology of Language*, No. 158 , 2002, pp. 89–119.

统称为安达卢斯阿拉伯语。就柏柏尔语而言，早期进入安达卢斯地区的柏柏尔人主要聚集在北部山区，尤其是乡村地区，其活动范围以农村和军队为主。11 世纪末，柏柏尔的穆拉比特人在安达卢斯地区建立了短暂的政权，柏柏尔人的数量持续增加，其语言同阿拉伯语不断接触。

首先，阿拉伯语和罗曼语均表现出双言（diglossia）的特征，即在一个语言社会存在两种语言系统，在弗格森（Ferguson）的术语中将其分为高层级变体（high variety）和低层级变体（low variety），[1] 高层级变体享有更高的社会声望，通常在正式场合和书面语言中使用，低层级变体则在非正式场合和口语交流中使用。如在阿拉伯语方面，作为书写语言使用的古典阿拉伯语对应高层级变体，是宗教、行政和经贸等领域所使用的书面语言；口头交流所使用的安达卢斯阿拉伯语对应低层级变体，两者在词汇、形态、语音和句法等层面存在差异。罗曼语则对应低层级变体，仅作为日常交流的语言在安达卢斯地区流通，其对应的高层级变体为拉丁语，是在宗教等领域使用的书面语言。其次，阿拉伯语和罗曼语两个双言系统并非处于完全平行的状态，即两种语言体系的高层级变体和低层级变体并非分别处于相同的层级，而是一种语言的低层级变体在层级上高于另一种语言的低层级变体。列维 – 普罗旺斯（Lévi-Provençal）提出了城市和乡村之间的语言对立，阿拉伯语是城市的主导语言，而罗曼语则流行于乡村。[2] 恩维斯特（Entwistle）认为罗曼语是"市场、女性和非正式交流的语言"，安达卢斯阿拉伯语是"阿拉伯上层家庭"的语言。[3] 科联特（Corriente）则提出罗曼语的使用领域仅限于家庭。[4] 而在柏柏尔语方面，早期的柏柏尔语主要以口头形式在农村和军队中流通，在柏柏尔王朝时期，穆拉比特王朝的统治者虽然使用柏柏尔语，但赋予阿拉伯语更高的社会声望。而到了穆瓦希德王朝时期，柏柏尔语已经被降级到在农村和家庭使用，地位低于在宗教和公共领域使用的阿拉伯语。[5]

---

[1]　C. H. M.Versteegh, *The Arabic Language*, Edinburgh: Edinburgh University Press, 2014, p. 242.

[2]　Emile Lévi-Provençal, *Histoire de l'Espagne Musulmane*, Paris: G.P. Maisonneuve, 1953, p. 76.

[3]　William J. Entwistle, *The Spanish Language*, London: Faber and Faber, 1936, p. 106.

[4]　Federico Corriente, *Árabe Andalusí y Lenguas Romances*, Madrid: Mapfre, 1992, p. 66.

[5]　Amira K. Bennison, *The Almoravid and Almohad Empires,* Edinburgh: Edinburgh University Press, 2016, p. 131.

　　安达卢斯地区语言的多元化和层级化影响语言使用者的说话方式。多种语言和语言变体流通的环境培养出大批双语者甚至多语者，随着语言接触程度的深入，不同的语言或语言变体都作为语言资源存在于使用者的语言系统中，说话者根据不同的语境或动机选择不同的语言或语言变体。在单一言语事件中，说话者或选择单一语言和语言变体，或选择多种语言和语言变体，像后者这样在同一言语事件中交替使用来自两种或更多语言和语言变体元素的现象便被称为语码转换。在术语方面，马兹拉尼（Mazraani）认为，语码转换和语码混合（code-mixing）是有区别的。语码转换是对话中不同部分（section）的转换，通常具有话语功能，对句法、形态、语音和词汇等层面都有影响。而语码混合则是单一表达（utterance）或单一词汇之间的混合，不一定会影响所有的语言层次（linguistic level）。[1] 也有其他学者使用语码混合来指代句内（intrasentential）语码转换。[2] 然而马兹拉尼在定义中并没有给予部分或表达以明确的定义，其他语言学家如梅尔斯 – 司克顿（Myers-Scotton）不区分语码转换和语码混合，认为句间（intersentential）和句内语码转换可能具有相似的社会心理动机。[3] 因此本文选择使用语码转换这一术语，同时使用"句间"和"句内"来区分结构上的差异。

　　语码转换一方面是安达卢斯地区语言多元化和层级化的反映，另一方面又挑战和重塑了语言的多元化和层级化。在实际使用中，特定语言或语言变体不只局限于某一特定阶层，不同阶层均存在双语或多语能力者，这些多语能力者可以为了彰示特定的立场进行语码转换，但同时这一立场的选择又与说话者本身所属的社会阶层密切相关。

　　11~12 世纪安达卢斯地区的社会层级可以分为：统治贵族阶层、中间阶层和平民阶层。穆拉比特的统治贵族阶层以来自撒哈拉西部的散哈哲部落的柏柏尔人为主。[4] 中间阶层享有一定程度的社会资源，包括政治资源、经

---

①　Nathalie Mazraani, *Aspects of Language Variation in Arabic Political Speech-making,* Richmond: Curzon, 1997, pp. 8–9.

②　Carol Myers-Scotton, *Social Motivations for Code Switching: Evidence from Africa,* Oxford: Oxford University Press, 1993, p. 1.

③　Carol Myers-Scotton, *Social Motivations for Code Switching: Evidence from Africa,* Oxford: Oxford University Press, 1993, p. 1.

④　Amira K. Bennison, *The Almoravid and Almohad Empires,* Edinburgh: Edinburgh University Press, 2016, p.122.

济资源、文化资源和技术资源等，体现在职业层面包含政府行政人员、法官、宗教学者、诗人学者、拥有经济资源的富商大贾以及拥有医学技术的医生等。平民阶层即被统治的纳税者，包括城市中的手工业者和农村的农民等。在以纳税者组成的良民之外，安达卢斯地区还生活着奴隶以及从事卖淫、街头卖艺等行业的边缘群体。

安达卢斯地区的语言差异与社会分层之间存在相互关联与相互作用。特定的语言特征可以"指向"社会阶层成员共享的品质，进而"指向"社会阶层成员本身并与其他社会阶层区分。指向性（indexicality）最早出自皮尔斯的符号学，之后西尔弗斯坦（Silverstein）对其进行系统阐释后在语言人类学和社会语言学的研究中得到广泛应用。[1] 指向性的概念本质上是指一种方式，一个具有意义的符号（包括语言符号）借助这种方式指向它经常出现的一个或多个情景，[2] 因此，指向性可以阐释一个具体的符号如何产生不同的意义（指向意义）以及这些意义以什么方式彼此建立联系。盖尔（Gal）和欧文（Irvine）发现这一反复发生的符号学过程也可以在社会意义层面为语码转换提供解释，语言系统或特征直接与使用该语言变体的社会群体的本质形象相关联。[3] 而且，特定语言形式或变体的指向意义一旦被构建，就较容易在意识形态上不断地反复和重构，从而产生多个指向秩序（indexical order）。[4] 例如，特定社区的语言特征可以指向社区成员共享的品质，进而指向社区成员本身，并与其他社区区分。[5] 对此，盖尔认为说话者表达语言意识形态的不同方式导致了指向符（index）的建立。[6] 贾菲（Jaffe）

---

① 田海龙、赵芃:《社会语言学新发展研究》，清华大学出版社，2021，第 204 页。

② Michael Miller Yoder and Barbara Johnstone, "Unpacking a Political Icon: 'Bike Lanes' and Orders of Indexicality," *Discourse & Communication,* Vol. 12, No. 2, 2018, pp. 192–208.

③ Susan Gal and Judith T. Irvine, "Language Ideology and Linguistic Differentiation," In Paul V. Kroskrity, ed., *Regimes of Language: Ideologies, Polities, and Identities,* Santa Fe, NM: School of American Research Press, 2000, pp. 35–84.

④ Michael Silverstein, "Indexical Order and the Dialectics of Sociolinguistic Life," *Language & Communication,* Vol. 23, No. 3, 2003, pp. 193–229.

⑤ Chaoqun Lian, *Language, Ideology and Sociopolitical Change in the Arabic-Speaking World: A Study of the Discourse of Arabic Language Academics,* Edinburgh: Edinburgh University Press, 2020, p. 6.

⑥ Susan Gal, "Sociolinguistic Differentiation," In Nikolas Coupland ed., *Sociolinguistics: Theoretical Debates*, Cambridge: Cambridge University Press, 2016, p. 116.

提出，指向符是由立场调节的。[1] 说话者评估语言变体和语码的方法是采取立场，并将其表达与自身的文化概念相结合，这些文化概念是政治、历史和社会环境下的意识形态的副产品，当这些联想发生变化时，就有更多的空间让语言发生变化。[2] 在指向意义建立和不断反复重构的过程中，两个类别之间建立的意识形态关系也会被投射到其他社会关系层面上，如在 11~12 世纪安达卢斯地区的语境中，罗曼语指向平民阶层，那么使用罗曼语则可以作为该群体的特征和人们对该群体的刻板印象，而下文通过对文本的分析可以发现伊本·古兹曼在俚谣中涉及平民阶层的话语中更多地使用了罗曼语。

梅尔斯－司克顿认为双语者在使用两种语言时会出现一种占主导地位的语言，即"基底语言"。矩阵语言提供系统语素（如代词、时态标记、否定标记和介词等）和内容语素（如名词、动词等），而相对的另一种语言则是仅提供内容语素的"内嵌语言"。这一理论对解释俚谣中的语码转换现象以及穆拉比特时期的多语使用状况亦有帮助。下文语例中包含系统语素和内容语素层面不同形式的语码转换现象，如在平民阶层的话语中同时出现罗曼语和阿拉伯语的系统语素和内容语素，而中间阶层的话语中仅出现罗曼语的内容语素，借此可以推测两种语言变体存在指向性和使用层级的差异。

在此基础上，本文采用质性话语分析的方法，将俚谣的创作、编辑与传播以及其中的对话场景视作言语行为提取出来进行综合与比对分析，结合语码转换和语言指向性理论分析语言差异与社会分层之间的动态互动，并从对话双方社会阶层差异的角度分为上向和下向两种社会阶层流动类型进行分析。

二　语言差异和社会分层的动态互动

俚谣在创作与传播过程，以及俚谣本身所描绘的场景中均包含不同社会阶层之间的互动，从属于特定阶层的说话者在与不同阶层受众的会话过程中会采取特定的会话策略，调用自身语言资源中不同的语言变体知识，

---

① Alexandra Jaffe, "Indexicality, Stance, and Fields in Sociolinguistics," In Nikolas Coupland ed., *Sociolinguistics: Theoretical Debates*, Cambridge: Cambridge University Press, 2016, p. 94.

② Reem Bassiouney, *Arabic Sociolinguistics: Topics in Diglossia, Gender, Identity, and Politics*, Georgetown: Georgetown University Press, 2009, p. 133.

语言使用和社会分层呈现动态互动的状态。

1. 语言差异和社会阶层的上向流动

俚谣中语言的上向流动发生在中间阶层同统治贵族阶层以及平民阶层同中间阶层的互动过程中。在诗歌创作与传播的过程方面，中间阶层的诗人在为统治贵族阶层的柏柏尔统治者撰写颂扬诗的过程中使用柏柏尔语，如语例（1）：

（1）wa–l–laḏī   lā   tarīdūh

     和 什么   neg   喜欢 –pres–2msg –pr3msg

     你不喜欢什么

     yā   *IŠŠIR*   las   narīduh[1]

     voc   年轻人   neg   喜欢 –pres–1sg– pr3msg

     啊，年轻人，我也不喜欢

语例（1）所属的俚谣为伊本·古兹曼为穆拉比特王朝统治者塔什芬（Tāšufīn）家族后裔穆罕默德·伊本·希尔所创作的颂扬诗，整首俚谣使用的语言和语言变体包括安达卢斯阿拉伯语和柏柏尔语。语例（1）所属俚谣的写作背景为伊本·古兹曼被科尔多瓦法官伊本·穆那希夫（Ibn al–Munāṣif）判入狱，向穆罕默德求救。俚谣后半部分的颂扬诗中，伊本·古兹曼以非常尊敬和谦卑的口吻和被称颂人对话，在称呼上使用"主人"，并自称为"奴隶"，后面的称呼出现柏柏尔语的"年轻人"（*IŠŠIR*）一词，点明被称颂人的柏柏尔人身份，在对柏柏尔赞助人的呼唤中选择使用柏柏尔语，在以安达卢斯阿拉伯语为主体的语境中发生了在内容语素层面向柏柏尔语的句中语码转换，这一方面反映出柏柏尔语与柏柏尔统治贵族阶层之间的指向关系，即创作者出于对诗歌受众的语言使用的刻板印象选择贴合受众的语言变体，是二者之间指向关系的作用。从属于中间阶层的诗人在对话

---

① Ibn Quzmān, Muḥammad ibn ‘Abd al–Malik and James T. Monroe, *The Mischievous Muse: Extant Poetry and Prose by Ibn Quzmān of Córdoba (d. AH 555/AD 1160)*, Leiden: Brill, 2017, pp. 260–262.

过程中通过向具有统治贵族阶层指向意义的柏柏尔语的句内转换表明其立场，语例（1）所属俚谣的写作背景为诗人向被称颂人请求帮助，二者之间的权力关系并不对等，被称颂人在地位上高于诗人，在这一情景中，诗人选择使用与拥有更多社会资源的阶层相关联的语言变体来提升自己的社会地位，拉近与被称颂人之间的距离，从语言使用的角度促成自身目的的达成。同时诗人在权力关系不对等的情景中对安达卢斯阿拉伯语和柏柏尔语不同程度的使用再次强调和加深了二者与社会分层之间的指向关系。

在诗歌所描绘的场景方面，俚谣中包含大量平民阶层与中间阶层之间的对话场景，如语例（2）：

（2）qultu   lah   ba–llah anẓur   ṭamm aš   yakūn
说–perf–1sg   对–pr3fsg   以–真主   看–imperat–2fsg   这里   什么   是–pres–3msg
我对她说：以真主的名义，你看看这里是什么

naẓarat   kaff   [ayya]   wa-qālat   lī   BŌN
看–perf–3fsg   手   我的   和说–perf–3fsg   对–pr1sg   好
她看着我的手，对我说：好

FĀṬAŠ   ALBAŠ   narāk   bi–ḥāl   al-quṭūn
吉祥的   仙女   看–pres–1sg–pr2msg   像   def.art– 棉花
吉祥的仙女！我把你看成像棉花

[aww]aḏā   l–jāh [EŠ   DE]   NŌN   AKABBĀR
白   def.art– 荣耀   cop–pres–3msg prep   neg   结束
（一样白）这样的荣耀不会结束

qālat   EŠTE   KERIYA   EW   NOM[N]ĀR
说–perf–3fsg   这   想–perf–3fsg   来   提名
她说：这就是我想提的名字

……

qālat	aḥsant	al–lah	yabārak	fīk[①]
说 –perf–3fsg	好 –perf–2msg	真主	保佑 –pres–3msg	在 –pr2msg

她说：你真好，真主保佑你

　　语例（2）中的对话便发生在分属于不同社会阶层的诗人和上门算命的女人之间。属于平民阶层的算命人的话语包含罗曼语句子，如 EŠTE KERIYA EW NOM[N]ĀR；也包含阿拉伯语句子，如 aḥsant al–lah yabārak fīk；两种语言发生句中转换的句子，如 aḏā l–jāh [EŠ DE] NŌN AKABBĀR。属于中间阶层的诗人对算命人的问句 qultu lah ba–llah anẓur ṯamm aš yakūn 使用安达卢斯阿拉伯语回答，以及在俚谣的后半部分，诗人与算命人进行了多轮次的问答，其中二人所使用的语言变体均为安达卢斯阿拉伯语。这说明，第一，属于中间阶层的诗人在与属于平民阶层的算命人进行会话时使用的主要语言变体为安达卢斯阿拉伯语；第二，算命人在同诗人对话时出现了由罗曼语到安达卢斯阿拉伯语的转向，由一开始的以罗曼语和安达卢斯阿拉伯语的句中转换，转变为完全使用安达卢斯阿拉伯语。其中算命人的话语中既包含罗曼语的系统语素（如否定词 NŌN、指示代词 EŠTE），也包含阿拉伯语的系统语素（如定冠词 al）。算命人在安达卢斯阿拉伯语和罗曼语两种语言变体之间进行语码转换时出现两种系统语素的共用，说明其语言系统中包含两种语言变体的知识和能力，进而反映出该说话者为罗曼语和安达卢斯阿拉伯语的双语者。算命人通过在对话起始部分使用罗曼语以及随后转向使用安达卢斯阿拉伯语，完成了社会身份的表达和转向，起始部分的罗曼语为其本身所处的社会阶层和社会角色的反映，随后的安达卢斯阿拉伯语则表现出希望通过语言变体的转换来达成社会身份的转换，即与使用安达卢斯阿拉伯语的中间阶层的诗人达成更加平等的对话关系。相似的场景还出现在语例（3）中：

---

① Ibn Quzmān, Muḥammad ibn 'Abd al–Malik and James T. Monroe, *The Mischievous Muse: Extant Poetry and Prose by Ibn Quzmān of Córdoba (d. AH 555/AD 1160)*, Leiden: Brill, 2017, pp. 516–520.

（3）iyyāk   an   taṣaddaq   marātan taqūl
　　 小心   相信 −pres−2msg   女人   说 −pres−3fsg
　　 不要相信这样说话的女人

　　 li−fulānī   yaḏḏa MAḤŠILLĀ   DE ŠOL
　　 某人有   也   脸颊   prep 太阳
　　 某人有一个像太阳一样的脸颊

　　 ……

　　 rāt−nī   fa l−maḥajj qālat   aš   tasāl
　　 看 −perf−3fsg−pr1sg 在 def.art− 街 说 −perf−3fsg 什么 问 − pres−2msg
　　 她在街上看到我，问道：你在问什么

　　 dūdat   al−ḥarīr   las   tafzaʿ   min   raʿad①
　　 虫子   def.art− 丝绸   neg 害怕 −pres−2msg   对   雷
　　 蚕啊，你不害怕打雷吗

　　语例（3）所属的俚谣为作给年轻男子的情诗，其中其他段落均使用安达卢斯阿拉伯语，仅在语例（3）中模仿平民阶层女性的口吻说话的一句中使用了向罗曼语的语码转换，并同时使用两种语言的系统语素（罗曼语DE、阿拉伯语 li），因此无法断言基底语言为何种语言。在这一俚谣的后半部分再次出现以平民阶层口吻的话语，却使用了安达卢斯阿拉伯语，注意到这里的语境是平民阶层女性遇到诗人之后与其对话，而罗曼语出现的语境则没有点明平民阶层女性的话语有另外的听话者，因此可以推测为平民阶层女性的自我感叹。这一现象也可以为语例（2）中的语码转换进行佐证，即平民阶层具备罗曼语和安达卢斯阿拉伯语的双语知识和能力，罗曼语与平民阶层的社会身份有指向性关联，但平民阶层也会通过向安达卢斯

---

① Ibn Quzmān, Muḥammad ibn ʿAbd al−Malik and James T. Monroe, *The Mischievous Muse: Extant Poetry and Prose by Ibn Quzmān of Córdoba (d. AH 555/AD 1160)*, Leiden: Brill, 2017, p. 304.

阿拉伯语的转换来实现社会身份转换的目的，也就是在与中间阶层进行对话时选择使用安达卢斯阿拉伯语来实现权力关系的对等。相似的现象还出现在语例（4）中：

（4）laš   tasammar-nī   yaʿjab-ka   samīrī
为什么   钉住 -pres-2msg-pr1sg   喜欢 -pres-3msg-pr2msg   夜谈
你为什么整夜拖着我聊天，你喜欢夜谈吗

    al-hilāl   EYYA KE   DORMĀ   REKĒRĒ
    def.art- 新月   voc   conj   睡眠   要求 -pres-3sg
    新月已经在催我睡觉了

    qum   ʿala nafsak   wa-aʾmal   sarīrī
    起身 -imperat-2msg 在 自己 -pr2msg 和- 做 -imperat-2msg 床 -1gen
    你快起来帮我铺床

    an-nuʿās   biyya   qad   kān   VELĀRĒ[①]
    def.art- 困倦   对 -pr1sg 已经 是 -perf-3msg 足够
    我已经很困了

语例（4）所属俚谣篇幅较长，包含 29 节，完整地讲述了诗人与已婚女邻居偷情的过程，从俚谣的描述中可知，该女子的丈夫只是一个普通的在市场工作的人，可以推测邻居一家属于平民阶层，而诗人却属于受过良好教育的中间阶层。语例（4）中邻居的话语发生在诗人邀请其到家中做客，二人整晚交谈并没有做其他事情，邻居对此感到无聊而变得困倦，要求诗人为其整理床铺。平民阶层角色的语言变体选择在罗曼语和安达卢斯阿拉伯语之间进行转换，其中罗曼语仅有 EYYA KE DORMĀ REKĒRĒ 和 VELĀRĒ 两处，其余部分均使用安达卢斯阿拉伯语，均包含两种语言变体

---

① Ibn Quzmān, Muḥammad ibn ʿAbd al-Malik and James T. Monroe, *The Mischievous Muse: Extant Poetry and Prose by Ibn Quzmān of Córdoba (d. AH 555/AD 1160)*, Leiden: Brill, 2017, p. 134.

的系统语素和内容语素。一方面佐证了属于平民阶层的角色也具备两种语言变体的知识能力，属于双语使用者；另一方面也反映出平民阶层在与中间阶层进行对话时，也会通过向安达卢斯阿拉伯语的语码转换来在对话中寻求身份地位的改善。

在日常的社会生活之外，语言差异与社会分层之间的流动关系还出现在描写战场的俚谣中，如语例（5）：

（5）VIṬA　　　MEU　DONNO　[VIṬA]　　WAY　PIDO
　　　生命　　　我的　主人　　　生命　　　voc　请求 -1sg-pres
　　　我的主人，求你给我留一条命

qul　　　　　　　　　　　lī　　　　　TE　　　DO
说 -imperat-2msg　　　　对 -pr1sg　　你 .acc　给 -pres-1sg
你说"我给你"

lā　　　　taqūl　　　　　　　ṬU　　　　CARPIDO
neg　　　说 -pres-2msg　　　你 .nom　　撕 -part
不要说"把你撕碎"

KE　　　EŠTAREI　　in　　　šīta　　　　COJIDO[①]
和　　　cop-fut-1sg　如果　　走 -perf-2msg　抓 -part
当你走了我将被抓

语例（5）所属俚谣发生的背景为安达卢斯地区的穆斯林军队向边境北部的基督势力发起战争，语例（5）中的对话便发生在穆斯林和基督徒在交战过程中，基督徒向穆斯林军人求饶的场景中。根据俚谣中前后诗句的信息推测，该俚谣的被称颂人是一位穆斯林将军，属于中间阶层。诗人称赞其在战争中所向披靡，无往不胜，基督徒跪倒在他的面前，向他说出了语

---

① Ibn Quzmān, Muḥammad ibn 'Abd al-Malik and James T. Monroe, *The Mischievous Muse: Extant Poetry and Prose by Ibn Quzmān of Córdoba (d. AH 555/AD 1160)*, Leiden: Brill, 2017, pp. 648–650.

例（5）中的请求。其中基督徒士兵属于平民阶层，在语例（5）中主要使用罗曼语，中间仅在词汇的层面转换为阿拉伯语。本语例中的穆斯林将军和基督徒士兵分属不同的社会分层，二者并不处于同一社会体系之下，因此二者之间的权力关系更与两方在军事较量中的力量对比息息相关。结合本语例诗人所处的历史背景，该俚谣中所描述的战争发生在阿里·本·优素福统治时期，虽然俚谣中并未点明具体的战争，但这一时期穆斯林军队在前线各地区对基督徒的作战中均处于较为优势的地位，如 1134 年，塔什芬成功对卡塞雷斯地区的基督徒军队发动突袭。1136~1137 年，塔什芬击败了圣胡安城堡附近的卡斯提尔人，并占领了艾斯卡罗纳的城堡，将穆斯林军队再次带到了塔古斯河以北。1130 年，巴伦西亚总督也击败了附近的阿拉贡军队。① 因此可以推测穆斯林军队较基督徒军队更具优势，也处于权力关系的优势方。基督徒士兵从罗曼语向阿拉伯语的转换也是希望以阿拉伯语提升自身的地位，拉近自身和穆斯林军人之间的关系，进而创造出平等、相似且亲密的关系，并有助于实现其求饶的愿望。

上述五则语例反映出社会分层与语言使用之间动态作用的动力来源于不同社会分层之间权力关系和资源配置的不平等，这一不平等的权力关系和资源配置通过语言变体与社会分层之间的指向性关联投射至不同社会分层成员所使用的不同语言变体中，使得在对话中使用不同的语言变体也包含了相应的权力关系和资源配置。同时从属于低阶层的社会成员有寻求关系平等的意愿，便在同更高社会阶层成员对话时选择使用与更高社会阶层相关联的语言变体，在反映的同时又强化了语言变体与社会分层之间的指向性关联。

2. 语言差异和社会阶层的下向流动

俚谣中在中间阶层同平民阶层互动的情境中多发生语言的下向流动。在俚谣所描绘的场景中，中间阶层在酒馆、妓院或市场等非正式场合中，与平民阶层进行对话时则会使用安达卢斯阿拉伯语，并发生向罗曼语的语码转换，如语例（6）：

---

① Hugh Kennedy, *Muslim Spain and Portugal: A Political History of al-Andalus*, Routledge, 2014, p. 186.

（6）birbirīyah   w–ay ḥusni min   QANNĀCH
柏柏尔女人   interj 好的   从   篮子
一个柏柏尔女人，多么好的篮子

arra   ba'ad las   ŠAYRA   min   QARẒĀCH
来 –imperat–2msg 这里 neg   篮子   的   蓟草
来吧，她不是一篮子蓟草

wa–lā   tahjam   fa–lassi   IĠRANNŪN
和 neg   带 –pass–pres–2msg 因为 neg   粥
但也不要被带走，因为她也不是粥

fa–kamā rayt   abn   adaman mafrūš
当……时   看到 –perf–1sg   儿子 亚当   扩张 –pass–part
我一看到"亚当之子"扩张

arāda   l–farḥ   an yanṭamar fā   l–'ūš
想 –perf–3msg   def.art– 小鸡 去 躲藏   进   def.art– 巢穴
小鸡试图躲进巢穴

ay tijī   zayġah   bi–hāḏāk   l–PILŪŠ[①]
哪里   游荡   conj– 这个   def.art– 毛茸茸
有这个毛茸茸的东西还能去哪儿

　　语例（6）发生的场景为妓院，诗人与朋友同去有柏柏尔女人的妓院，诗人在劝说朋友和描绘淫秽场景时发生了向罗曼语的句中转换。其中在 ay tijī zayġah bi–hāḏāk l–PILŪŠ 中的"毛茸茸"（l–PILŪŠ）一词中使用阿拉伯语的系统语素 l–，以及在罗曼语词组 ŠAYRA min QARẒĀCH 中也出现了

---

① Ibn Quzmān, Muḥammad ibn 'Abd al–Malik and James T. Monroe, *The Mischievous Muse: Extant Poetry and Prose by Ibn Quzmān of Córdoba (d. AH 555/AD 1160)*, Leiden: Brill, 2017, pp. 574–576.

阿拉伯语的系统语素 min，而罗曼语仅提供了内容语素，因此可以推测语
例（6）中的基底语言为安达卢斯阿拉伯语，而罗曼语作为内嵌语言在语码
转换中使用。属于中间阶层的男性诗人，在包含平民阶层妓女所处的非正
式场合的语境中只会使用向罗曼语的句中转换，且罗曼语只作为内容语素
提供含义，而不会像语例（3）中的平民阶层女性在话语中同时使用两种语
言变体的系统语素，并且出现了由罗曼语到安达卢斯阿拉伯语的句间转换。
这一区别反映出罗曼语同安达卢斯阿拉伯语及其指向意义在当时分属于不
同的社会层级，即罗曼语指向较低层级，安达卢斯阿拉伯语指向较高层级。
以使用罗曼语为主的平民阶层女性会为了在对话中寻求更高的社会地位转
而使用安达卢斯阿拉伯语，且这一使用涉及系统语素和内容语素两部分，
而以安达卢斯阿拉伯语为主要语言的中间阶层男性却只会在内容语素的层
面借用罗曼语的词汇，且这些词汇的含义多与身体部位和家庭内部的场景
相关，说明处于较低层级的人会通过使用较高层级的语言变体来提升自身
的社会身份，但反之并不会成立，处于较高阶层的人仅会在低层级语言指
向的语境和话题中使用较低层级的语言。

　　俚谣中语言差异与社会分层的流动性往往也与创作和传播过程中所涉
及的角色和社会分层相关，如语例（7）：

（7）DONO　　　　ČEDO ḫuḏ　　　　　　hāḏa bi-l-ʿajamī[1]

给予 -pres-1sg 礼物　拿 -imperat-2sg　这个 in-def.art-罗曼语

"我送一个礼物"在罗曼语中的意思是"拿这个"

qul　　　　　　lī　　　　　　AFKĪ

说 -imperat-2sg　对 -pr1sg　拿 -imperat-2sg

对我说：拿吧

wa-gad　　　　ġalab　　　badarī[2]

---

[1]　ʿajamī 的字面含义是波斯语，延伸为外来语言的含义，在安达卢斯的语境中即为罗曼语。

[2]　Ibn Quzmān, Muḥammad ibn ʿAbd al-Malik and James T. Monroe, *The Mischievous Muse: Extant Poetry and Prose by Ibn Quzmān of Córdoba (d. AH 555/AD 1160)*, Brill, Leiden, 2017, p. 124.

和 将　　　　　　胜利 –perf　　坚持 –1gen
我的坚持将取得胜利

　　语例（7）所属俚谣描绘的场景为颂扬诗的一部分，诗人在俚谣的开头部分写道自己去市场购买衣服，却无奈地拿不出一分钱，随后转而描写家徒四壁、食不果腹的生活，于是便向被称颂人求助，希望能获得一些资助。语例（7）发生的语境便是诗人自谦为被称颂人的佣人，希望能以谦卑的口吻换得被称颂人的同情，而其中安达卢斯阿拉伯语向罗曼语发生语码转换的表达便可以被视为对佣人口吻的模仿，从属于中间阶层的诗人通过示弱以博得同情的目的，选择使用具有平民阶层指向意义的罗曼语，这一选择反之又加强了罗曼语与平民阶层的指向关系。此外，语例（7）中还出现了向柏柏尔语的语码转换，结合被称颂人的背景信息，可以推测被称颂人为具有柏柏尔血统的商人家庭，具有一定的社会经济资源，从属于中间阶层，在语例（7）中选择使用向柏柏尔语的语码转换，也有借用语言和语言变体的指向意义所包含的社会资源以达成社会阶层地位提升的目的。语例（7）中诗人通过具有不同指向意义的语言和语言变体的选择，一方面反映出语言差异与社会分层之间紧密的关系，另一方面属于中间阶层的诗人通过语言和语言变体的选择实现了阶层地位的动态流动，首先通过由安达卢斯阿拉伯语向罗曼语的语码转换降低自身位置以表达谦卑恭敬，随后向柏柏尔语的语码转换又包含了向中间阶层柏柏尔商人亲近的意图，反映出语言差异与社会分层之间的相互作用与构建。
　　中间阶层同平民阶层互动过程中语言的上向流动和下向流动之间的差异还体现在中间阶层对安达卢斯阿拉伯语的保持中，中间阶层虽然会发生向罗曼语的语码转换，但转换程度较浅，更多情况下依旧选择使用安达卢斯阿拉伯语。如语例（8）所属俚谣中穆斯林将军与基督徒士兵的对话：

（8）NON　ESTAREYO　　POR　UN　　　　KATIVO
　　　neg　cop-fut-1sg　　为了　indef.art　　俘虏
　　　我不会留下俘虏

wa–l–la　　mā　　naḥtāj　　　　　al–ġulām　　　VIVO[①]

确实　　　neg　　需要 –pres–1sg　　def.art– 奴隶　　活着的

确实我不需要活着的奴隶

　　语例（8）中穆斯林将军的阿拉伯语和罗曼语使用基本平衡，在第一句中全部使用罗曼语，在第二句以阿拉伯语为主体的句子中出现词汇层面的向罗曼语的转换，且罗曼语仅提供内容语素。穆斯林将军在面对以使用罗曼语为主的基督徒时会选择性地使用更多罗曼语，反映出从属于中间阶层的穆斯林将军具备灵活调配两种语言资源的能力。在转换动机方面，在穆斯林将军的两句话中，第一句使用罗曼语，第二句以阿拉伯语为主，同时包含句中向罗曼语的转换。第一句罗曼语的使用可以以启动效应来解释，即先前基督徒士兵使用罗曼语进行对话启动了穆斯林将军的罗曼语资源，因此在对话的开头仍继续使用罗曼语。而在后续的对话中穆斯林将军则选择切换到最适合构建权力和地位，并强调其自身与他人之间差异的语言，在语例（8）中具备这一指向意义的语言就是阿拉伯语。通过使用阿拉伯语，说话者构建起了在战争中胜利的将军的形象，是具有控制权的权威人物，将自身与沦为俘虏和奴隶的说罗曼语的基督徒士兵区别开来，创造出不对称的、对立的支配和从属关系。

　　以上三则语例反映出处于上位阶层的说话者发生语言使用的下向流动时罗曼语的转换程度较浅，依旧使用安达卢斯阿拉伯语以保持具有更多社会资源的优势权力地位，在跨阶层的语言使用的上向和下向流动中，说话者均倾向于使用具有更高社会声望的语言变体。而在同一阶层对话者之间发生的流动具有更强的领域指向性，从属于中间阶层的说话者在妓院、酒馆等低俗领域相关的话题时使用罗曼语，反映并加强了罗曼语同上述低俗领域的指向性关联。

　　语言使用者根据不同的场合、对话者以及对话双方之间权力关系等条件，选择不同于与自身所属阶层存在指向性关联的语言和语言变体，或是出于寻求身份地位改变，或是反映语言差异同领域之间的关联关系，其动

---

① Ibn Quzmān, Muḥammad ibn ʿAbd al–Malik and James T. Monroe, *The Mischievous Muse: Extant Poetry and Prose by Ibn Quzmān of Córdoba (d. AH 555/AD 1160)*, Leiden: Brill, 2017, pp. 648–650.

力的来源依旧是内生于特定语言和语言变体同特定社会分层之间的指向性关联，并在动态互动的过程中反馈并加强了该指向性关联。

三　结语

综合上文所述的伊本·古兹曼俚谣集中的语例发现，穆拉比特统治时期的安达卢斯地区多种语言及其不同层次变体并存。一方面，特定社会阶层成员的语言使用与特定语言或语言变体之间产生指向性关联，安达卢斯阿拉伯语同中间阶层存在较强的指向性关联，虽然平民阶层也会在口语中使用安达卢斯阿拉伯语，但频次远低于中间阶层；罗曼语则与平民阶层存在较强的指向性关联；柏柏尔语同柏柏尔统治贵族阶层存在指向性关联。另一方面，安达卢斯阿拉伯语、罗曼语和柏柏尔语的使用并非局限于特定的社会阶层和社会群体，而都可以成为说话者掌握、调用的语言资源。说话者根据不同的场合、对话者以及对话双方之间权力关系等条件，选择与其他社会层级存在指向性关联的语言和语言变体。如平民阶层在对话者为中间阶层时选择与中间阶层存在指向性关联的语言，即安达卢斯阿拉伯语，以实现改善自身权力地位的意图，本文将与这一行为类似的言语行为归纳为语言差异和社会阶层的上向流动。此外，中间阶层也会在特定的与平民阶层相关的非正式场合，如酒馆和妓院中使用与平民阶层存在更强指向性关联的罗曼语。这一选择本身恰恰反映出中间阶层或平民阶层与其使用的语言或语言变体之间的指向性关联，同时又反向强调了该语言或语言变体所指向的社会身份和社会关系，语言差异与社会分层之间的关联在这一动态互动中相互影响，相互构建。

附录 1 术语对照表

英文术语缩写	英文术语	中文术语
1,2,3	/	第一、二、三人称
ACC	accusative case	宾格
CONJ	conjunction	连词
COP	copula	系动词
DEF.ART	definite article	定冠词
DIM	diminutive	指小词
F	female	阴性
FUT	future tense	将来时
GEN	genitive	属格
IMPERAT	imperative tense	命令式
INDEF.ART	indefinite article	不定冠词
INTERJ	interjection	感叹词
M	male	阳性
NEG	negative	否定
NOM	nominative case	主格
PART	particle	分词
PERF	perfect tense	完成时
PL	plural	复数
PR	pronoun	代词
PRES	present tense	现在时
SG	single	单数
VOC	vocative case	呼格

附录 2　阿拉伯语字母转写对照表

ء	’①	ق	q
ب	b	ك	k
ت	t	ل	l
ث	t̲	م	m
ج	j	ن	n
ح	ḥ	ه	h
خ	ḫ	و	w
د	d	ي	y
ذ	d̲	ة	t/h
ر	r	ً	a
ز	z	ٍ	i
س	s	ُ	u
ش	š	اَ، ىَ	ā
ص	ṣ	ِي	ī
ض	ḍ	ُو	ū
ط	ṭ	ً	an
ظ	ẓ	ٍ	in
ع	ʿ	ٌ	un
غ	ġ	َي	ay
ف	f	َو	aw

①　词首的 ’ 在转写中略去。

现当代问题研究

从历史到现实：摩洛哥柏柏尔人问题的三个维度

黄　慧[*]

黄　慧[*]

【内容提要】自1956年独立以来，摩洛哥王国围绕着阿拉伯、伊斯兰两大中心开展民族国家认同构建。在此过程中，占摩洛哥人口40%的柏柏尔人在政治、经济、语言文化等方面被边缘化，柏柏尔主义运动由此兴起，对摩洛哥的民族国家认同构建构成了挑战。摩洛哥柏柏尔人问题主要体现在政治、语言文化以及经济三个维度。总体而言，摩洛哥柏柏尔人问题的政治化程度不高，没有形成柏柏尔主义反对派政党；争取语言文化权利是摩洛哥柏柏尔主义运动的主要诉求；里夫的柏柏尔人问题相对特殊，经济问题是里夫地区出现地方分离主义趋势的根本原因。为了缓解柏柏尔主义运动的强度，摩洛哥国王和政府采取了一系列措施。但柏柏尔人问题仍是影响摩洛哥政治稳定的持续性因素之一，其彻底解决仍任重道远。

【关键词】摩洛哥　柏柏尔人　民族国家认同

　　自1956年独立以来，柏柏尔人问题一直是影响摩洛哥民族国家认同构建的重大问题之一。柏柏尔人是摩洛哥的土著居民，约占摩洛哥总人口的40%。但是，柏柏尔语和柏柏尔文化没有成为独立后的摩洛哥民族国家认同的组成部分，柏柏尔人对摩洛哥主体社会的融入不足，对自身的政治、文

---

　　*　黄慧，对外经济贸易大学外语学院教授。

化和经济地位不满，柏柏尔主义运动由此兴起。摩洛哥柏柏尔人问题比较复杂。首先，不同区域的柏柏尔人有不同的诉求，东南部以及阿特拉斯山区的柏柏尔人主要主张柏柏尔人的语言文化权利，里夫柏柏尔人则更激进，有分离主义倾向。其次，柏柏尔人与王室之间的关系十分微妙，既有合作也有冲突。最后，摩洛哥柏柏尔人问题虽然总体可控，但也受到北非跨国柏柏尔主义运动的影响。摩洛哥柏柏尔人问题可归纳为政治、语言文化和经济三个维度。政治维度反映柏柏尔军政精英与摩洛哥主流政治之间的关系，语言文化维度体现摩洛哥柏柏尔主义的基本诉求，经济维度揭示里夫分离主义倾向的深层原因。

一 摩洛哥柏柏尔人问题的历史成因

1. 法国的"分而治之"政策

19 世纪末，阿拉维王朝统治下的摩洛哥处于经济、社会崩溃的边缘，王室对国家的控制日渐衰落。在摩洛哥内部积弱积贫的情况下，西班牙、法国等欧洲国家加快对其进行渗透。20 世纪初，法国开始在摩洛哥东部重要城镇建立军事据点，并以之为支点，采取绥靖政策，收买周边部落，逐步蚕食摩洛哥领土。与此同时，大量法国公司进入摩洛哥收购土地，开展业务，其中包括矿业公司、航运公司、制糖公司以及银行和信贷公司。摩洛哥的经济逐步依附于法国资本。1912 年 3 月 30 日，法国与摩洛哥苏丹在非斯签署了《非斯条约》，明确了摩洛哥作为法国保护国的从属地位。

控制了摩洛哥之后，法国殖民当局认为，摩洛哥穆斯林中的柏柏尔人将能帮助法国人落实摩洛哥的"保护制"。[①] 法国殖民历史学家和人类学家将摩洛哥谢里夫王国一分为二。一部分是马赫赞区，即中央政府控制的区域，是以阿拉伯语为主要语言的城市地区，实行伊斯兰教法。另一部分是锡巴地区，即以柏柏尔语为主要语言的部落山区，遵照部落习惯法，采取"杰马"制度。阿拉维王朝苏丹的权威几乎无法到达锡巴地区。

---

① Bruce Maddy-Weitzman, *The Berber Identity Movement and the Challenge to North African States*, University of Texas Press, 2011, p. 52.

　　"分而治之"政策在具体操作上，则是通过《非斯条约》将马赫赞控制下的区域直接收服，对锡巴地区的部落实行各个击破。里夫地区属于锡巴地区，是殖民主义者遇到的一块"难啃的骨头"。20世纪20年代，里夫地区的柏柏尔部落在穆罕默德·本·阿卜杜·卡利姆的领导下，发起了反抗西班牙和法国殖民主义者的斗争。阿卜杜·卡利姆曾在非斯的卡拉维因大学学习伊斯兰教法和阿拉伯语。毕业后，他回到家乡，并于1914年担任了法官。[①]1920年，时年39岁的阿卜杜·卡利姆正式与殖民主义者决裂。1921年7月22日，他领导的大起义在阿努阿勒（Annoual）重创西班牙殖民主义者，西班牙方面损失了1万士兵，统帅费尔南德斯·希尔维斯特（Fernandez Silvestre）阵亡。[②]在击败西班牙殖民军队之后，里夫地区的殖民势力被肃清。之后，阿卜杜·卡利姆建立了里夫共和国。

　　阿卜杜·卡利姆建立的里夫共和国是现代国家的雏形，共和国设有国民议会，议员由柏柏尔部落首领充任。里夫共和国是北非柏柏尔人在近现代史上的一次建国尝试。尽管里夫地区当时并没有明确的柏柏尔主义思潮，但阿卜杜·卡利姆对于当代摩洛哥柏柏尔主义运动而言，特别是对于里夫地区的柏柏尔人而言，无疑是族群认同的一个重要象征。里夫共和国也一度获得了来自外部的支持，"全世界民主人士的注意力都集中在里夫山区居民的英勇斗争上面。法国和西班牙的民主力量强烈地反对掠夺摩洛哥的战争。法国共产党热烈欢迎里夫共和国的成立并要求承认它，积极地保卫里夫山区居民的正义事业"。[③]

　　西班牙人撤出里夫后，法国殖民当局加紧了掌控里夫地区的步伐。当时的法国北非问题专家亨利·康崩认为，"西班牙人轻率的放弃，势必在法属地区北部引起反响。阿布德·克里姆取得行动自由之后，会立即将炮口转向我方"。[④]1924年，法国殖民当局开始着手对里夫共和国采取军事

---

①　عبد الكريم الخطابي،موسوعة الجزيرة، http://www.aljazeera.net/encyclopedia/icons/2014/11/12/, 2018-01-12.

②　Bruce Maddy-Weitzman, *The Berber Identity Movement and the Challenge to North African States*, University of Texas Press, 2011, p. 53. 另一种说法是，西班牙方面损失了1.5万人，570人被俘，参见عبد الكريم الخطابي،موسوعة الجزيرة。

③　〔苏〕拉·马·阿瓦科夫:《法国垄断资本在北非》，北京编译社译，世界知识出版社，1959，第17页。

④　〔法〕亨利·康崩:《摩洛哥史》（下册），上海外国语学院法语系翻译组译，上海人民出版社，1975，第458页。阿布德·克里姆即上文所说"阿卜杜·卡利姆"。

行动。1925 年 4 月，双方之间的军事对抗正式开始。阿卜杜·卡利姆亲自参战。尽管有来自外部的支持，特别是法国共产党的支持，但在摩洛哥内部，阿卜杜·卡利姆却没有可靠的盟友。马赫赞地区的部落以及城市精英们对待阿卜杜·卡利姆的态度是冷漠的、怀疑的，他们在一定程度上认可了殖民当局对他的定义，即阿卜杜·卡利姆是一个狂妄自大的部落领袖，妄想取代谢里夫王朝的国王。非斯城的居民在阿卜杜·卡利姆距他们仅 40 公里且被法军围追堵截的情况下，也没有出兵相救，客观上延续了保护国体制。1926 年，阿卜杜·卡利姆战败投降，里夫共和国随之瓦解。阿卜杜·卡利姆被流放到留尼汪岛，后来辗转逃到了开罗，1963 年在开罗病逝。

法国殖民主义者在击溃阿卜杜·卡利姆的里夫共和国后，立刻着手对中阿特拉斯山、苏斯河谷以及塔非拉勒特三个锡巴地区的扫荡。截至 1931 年，中阿特拉斯山和大阿特拉斯山之间的区域被全部征服。柏柏尔人反殖民主义力量遭到了重创。从摩洛哥民族国家构建的层面看，锡巴地区的消失客观上促进了摩洛哥的民族整合，所有区域都成为保护国的一部分，达到了摩洛哥谢里夫苏丹在历史上从未实现过的统一。但是，这种统一并不意味着民族独立，而是全面沦为法国殖民者的附庸。

1921~1926 年阿卜杜·卡利姆在里夫地区领导的武装斗争和建国尝试有着双重历史意义。它既是摩洛哥反对殖民主义斗争的一次重要实践，对摩洛哥民族主义的兴起有着重要的推动作用；也是摩洛哥柏柏尔人追求独立自主的体现，是摩洛哥柏柏尔主义运动的重要历史渊源。

首先，这场运动对于唤起摩洛哥广大群众与殖民主义者开展斗争的意识有着极大的推动作用。尽管在城市地区定居的讲阿拉伯语的摩洛哥人向来看不起里夫山区的柏柏尔部落，认为他们野蛮无知，但摩洛哥阿拉伯民族主义者却无法否定阿卜杜·卡利姆领导的武装斗争的重大意义，即对民族主义浪潮在摩洛哥的全面兴起所具有的启蒙意义。在后来的民族解放运动中，信奉阿拉伯民族主义的摩洛哥民族主义者再次把阿卜杜·卡利姆奉为反抗帝国主义、争取自由的战士。

其次，这场运动是摩洛哥柏柏尔主义运动的重要历史渊源。时至今日，阿卜杜·卡利姆仍是里夫人心中的民族英雄，被称为"里夫之狮"。他所建立的里夫共和国是基于柏柏尔传统、融合一定现代国家制度的柏柏尔国家，一定程度上代表了阿拉伯－柏柏尔民族主义的现代斗争尝试。[1]

1930 年 5 月 16 日，保护国政府颁布了"柏柏尔人法令"，对柏柏尔人聚居区的司法制度做出了规定：柏柏尔人的习惯法应当遵从民法而不是伊斯兰教法。[2] 法令明确承认了部落地区柏柏尔人"杰马"的地位，允许他们根据当地习惯法裁判案件。这就意味着部落地区脱离了伊斯兰教法的管辖范围。法令甚至允许部落可以自由选择是否脱离伊斯兰教法体系。[3] 法国殖民主义者这样解释柏柏尔人法令的由来："我们越深入柏柏尔人地区，越感到习惯法实行得彻底，从而知道我们每征服一地就强行实施正统的伊斯兰教法律，不但会引起柏柏尔人对我们的敌视，而且会引起他们对马赫赞的敌视。"[4] 这项法令的颁布显然是为了加强法国对柏柏尔人聚居区的控制。

该法令引起了摩洛哥民族主义者的强烈不满，他们认为法国殖民者企图借助这项法令分裂摩洛哥，破坏摩洛哥政治和宗教的统一性。一些阿拉伯精英甚至认为，这是法国殖民主义者将柏柏尔人逐步转化为基督徒的第一步。青年学生、宗教领袖奔走呼号，强烈抗议法国殖民当局分裂摩洛哥的行为。抗议活动在拉巴特、萨累和非斯三地开展得最为激烈。阿拉勒·法西、欧麦尔·本·阿卜杜·贾利勒（Omar b. Abdu al-Jalil）、穆罕默德·贝勒哈桑·欧奈扎尼（Mohammed bel-Hassan al-Onezzani）是抗议活动的主要领导者。抗议"柏柏尔人法令"的行动是摩洛哥民族解放运动的起点。1932 年 7 月，一封署名为"非斯人民"的电报送到了法国议长爱德华·赫里欧（Edouard Herriot）手中。电报的开头是："20 世纪的摩洛哥人民在法国保护国统治下，遭到了压迫和独裁统治。"[5]

法国殖民当局出台"柏柏尔人法令"实际上是其一贯的对柏柏尔部落"绥靖"策略的延续。但是，柏柏尔人对这一法令并没有太大好感。从个体的角度看，很多柏柏尔人在身份认同（identification）上选择了阿拉伯伊斯

---

[1] Pessah Shinar, "Abd al-Qadir and Abud al-Krim, Religious Influences on Their Thought and Action," in Shinar, *Modern Islam in the Maghrib Jerusalem: Max Schloessinger Memorial Foundaton*, Hebrew University of Jerusalem, No. Ⅵ, 2004, p. 162.

[2] Hassan Sayed Suliman, *The Nationalist Movements in the Maghrib*, Motala Grafiska, 1987, p. 28.

[3] Bruce Maddy-Weitzman, *The Berber Identity Movement and the Challenge to North African States*, University of Texas Press, 2011, p. 56.

[4] 〔法〕马塞尔·佩鲁东:《马格里布通史：从古代到今天的摩洛哥、阿尔及利亚、突尼斯》，上海师范大学《马格里布通史》翻译组译，上海人民出版社，1974，第 494 页。

[5] Hassan Sayed Suliman, *The Nationalist Movements in the Maghrib*, Motala Grafiska, 1987, p. 29.

兰，参与反对"柏柏尔人法令"的抗议活动。从群体的角度看，一些柏柏尔部落因为更看重自己的柏柏尔族群认同，也反对这项法令，认为这是法国试图通过强权迫使柏柏尔部落融入摩洛哥。柏柏尔人对这项法令的反应在一定程度上表明，1930 年的摩洛哥已经具备了民族主义运动所需要的全民共识。

2. 独立后摩洛哥的阿拉伯化政策

1956 年，刚刚独立的摩洛哥艰难地开始了国家政治、经济和社会的全面建设。经历了 44 年保护国统治的摩洛哥所面临的当务之急，是尽快消除法国对摩洛哥经济、社会的控制，消除法国殖民政策对摩洛哥政治的影响。独立初期的摩洛哥贫困落后，有 1100 万贫困人口，文盲率高达 90%，女性文盲率高达 98%，儿童入学率不到 35%。[1] 由于保护国时期摩洛哥经济完全是法国的附庸，因此独立初期的摩洛哥没有完整的经济体系，随着法国公司撤离，摩洛哥经济陷入极大的困难。此外，保护国时期法国采取的是将柏柏尔乡村与城市隔绝的政策，因此摩洛哥的基础设施薄弱，乡村地区公路、水电网线非常不完善，城市市政服务水平低下。摩洛哥当局认为，推动阿拉伯化，构建强有力的民族认同，是实现发展的首要问题。

摩洛哥柏柏尔主义运动的兴起与国家的阿拉伯化进程相伴而生。摩洛哥国王与柏柏尔军政精英是传统盟友。为了延续王室与柏柏尔部落之间的传统关系，哈桑二世遵从祖制，迎娶了中阿特拉斯山区地位显赫的扎延部落的两位女子。这种方式稳定了王室与柏柏尔部落之间的君臣关系。以独立党为首的民族主义者，以及从独立党分离出来的左翼政党都期望削弱国王的权威。在构建民族国家认同的问题上，国王与民族主义者、左翼党派以及后来的伊斯兰主义政党保持了高度一致，即主张摩洛哥的阿拉伯伊斯兰属性。尽管国王接纳柏柏尔精英进入国家政治生活，但这并不意味着承认摩洛哥的柏柏尔属性。

摩洛哥王室推动阿拉伯化的坚定立场源自三方面的原因。首先，阿拉维王朝最大的合法性来自其"谢里夫"血统，推行阿拉伯化与加强摩洛哥

---

①   Bruce Maddy-Weitzman, *The Berber Identity Movement and the Challenge to North African States*, University of Texas Press, 2011, p. 84.

民众的伊斯兰信仰有着直接的关系，有利于国王巩固国内执政基础。通过塑造摩洛哥作为一个阿拉伯伊斯兰国家的明确形象，国王还可以获得当时在整个西亚北非地区处于政治优势地位的阿拉伯民族主义国家以及经济上十分富裕的海湾王室的支持。其次，将阿拉伯语和伊斯兰文化作为民族认同的内核是当时马格里布三国不谋而合的选择。从语言的角度讲，阿拉伯化是指用标准阿拉伯语取代殖民主义者的语言法语，使之成为国家官方语言的进程。在马格里布三国，阿拉伯化政策的目标是在教育、行政和社会生活中普及阿拉伯语。这是当时去殖民化最有效的方式，能够恢复马格里布与整个阿拉伯伊斯兰世界之间的历史联系。最后，柏柏尔语不成体系，难以成为民族语言，柏柏尔文化的现代化程度较低，难以成为民族国家认同的内核。就摩洛哥而言，里夫地区、中阿特拉斯山区以及南部地区的柏柏尔部落之间的方言存在较大差异，当时的柏柏尔语只是一种口语形式，没有书面化。此外，柏柏尔各部落之间呈现碎片化，不同部落对同一问题的看法和态度不尽相同。以柏柏尔属性为核心进行摩洛哥现代民族国家认同的建设，不具备现实基础。

摩洛哥的阿拉伯化从两个层面开展。一是在公共生活层面将阿拉伯语和伊斯兰文化作为凝聚摩洛哥社会的核心价值。摩洛哥于1958年加入了阿拉伯国家联盟。1962年修订的《摩洛哥宪法》在前言中明确写道："摩洛哥王国是一个拥有完全主权的伊斯兰国家，阿拉伯语是摩洛哥的官方语言，摩洛哥是大马格里布的一部分。"[1] 二是教育的阿拉伯化。主要推手是坚持阿拉伯伊斯兰文化传统的独立党。1956年7月，独立党主席阿拉勒·法西（Alal al-Fasi）提出了在教育系统中全面普及阿拉伯语的主张。[2] 教育的阿拉伯化始于1960年政府制定的五年发展计划（1960~1964年）。当时的计划是在五年内完成中小学的阿拉伯语教育，但这一进程最终到1990年才完成。1965~1969年，小学1~3年级开始阿拉伯化；70年代实现了小学的全面阿拉伯化；1973~1975年，实现了哲学、历史、地理课程的阿拉伯化；

---

[1] دستور المملكة المغربية(1962).

[2] Rachida Yacine, "The Impact of the French Colonial Heritage on Language Policies in Independent North Africa," in George Joffe ed., *North Africa: Nation, State, and Region*, Routledge, 1993, p. 230.

1982~1989 年，逐步实现了中学数学、自然和物理课程的阿拉伯化。^① 漫长的时间跨度证明了阿拉伯化进程的缓慢。

缓慢的阿拉伯化在客观上降低了柏柏尔主义运动的强度。随着阿拉伯语的推广以及乡村－城市人口流动的增加，摩洛哥的柏柏尔语呈不断收缩的态势。^② 在阿拉伯化运动中，柏柏尔语被认为是一种历史障碍，在交流领域没有价值。^③ 在公共领域，尤其是医院和政府部门，不会讲阿拉伯语被认为是没有文化的表现。此外，阿拉伯化不仅涉及语言，还将摩洛哥的历史、柏柏尔人的起源与阿拉伯东方联系起来。独立初期的摩洛哥小学课本强调，摩洛哥的历史是从伊斯兰教到来后，伊德里斯王朝建立开始的。

尽管摩洛哥的阿拉伯化进程缓慢，但方向和道路是既定的。柏柏尔人积极参与了民族独立斗争，但是独立后，从王室到民族主义者都决心消除摩洛哥的柏柏尔属性。与阿尔及利亚不同的是，摩洛哥历史上柏柏尔人与阿拉伯人的二元分化不仅仅是族群界限，还包含了城乡差异。城市中讲阿拉伯语的阶层长期看不起出身乡村部落的柏柏尔人。多重因素叠加，使得柏柏尔人无论是从个体还是群体的角度，都感到被边缘化。然而，追求族群单一性的政策并没有实现彻底的阿拉伯化，反而增强了柏柏尔人的群体认同。

二 摩洛哥柏柏尔人问题的政治维度

在摩洛哥政治中，柏柏尔主义者始终没有成为一个有力的政治力量。与邻国阿尔及利亚相比，摩洛哥柏柏尔主义运动的政治化程度不高。总体而言，摩洛哥柏柏尔主义运动是支持国王的，柏柏尔主义者反对的是民族主义的独立党以及后来的伊斯兰主义政党。国王是各派力量的调停者，通过平衡各派力量来巩固王权。柏柏尔主义运动始终周旋于国王、独立党、

---

① محمد أسليم، تدريس اللغات الأجنبية في المغرب, http://aslimnet.free.fr/traductions/gharbi/fra5.htm, 2018-01-13.

② 〔美〕凯瑟琳·E. 霍夫曼、苏珊·吉尔森·米勒编《马格里布的柏柏尔人与他者——超越部落和国家》，黄慧译，民主与建设出版社，2015，第 50 页。

③ Mohammed Ⅵ Mohammed Errihan, "The Amazigh Renaissance: Tamazight in the Time of Mohammed Ⅵ," in Bruce Maddy-Weitzman and Daniel Zisenwine (ed.), *Contemporary Morocco: State, Politics and Society under Mohammed Ⅵ*, Routledge, 2012, p. 13.

伊斯兰主义之间。摩洛哥独立后，柏柏尔人在政治领域的影响主要体现在柏柏尔军政精英与王室之间分分合合的关系上。由柏柏尔人组成的摩洛哥人民运动党的参政实践是双方互为支撑的体现，而20世纪70年代柏柏尔军官发起的政变则代表了双方关系紧张的方面。

1. 摩洛哥人民运动党的参政实践

摩洛哥独立后，民族主义政党内部开始了政治清洗，为了谋求政治权力的暗杀行动十分密集。暗杀行动的矛头指向了在民族解放斗争中发挥过巨大作用的柏柏尔名将阿巴斯·穆萨阿迪（Abbas al-Musaadi）。[①] 阿巴斯·穆萨阿迪出生于1927年，遇刺时年仅31岁。他是摩洛哥解放军的主要将领，他麾下的战士大多是桑哈贾柏柏尔人。在前往里夫作战之前，他一直在卡萨布兰卡战斗，直到1953年被捕入狱。城市正面战场受挫后，阿巴斯·穆萨阿迪前往里夫山区，动员山区柏柏尔人加入解放军，采取农村包围城市的斗争策略。他在里夫期间与当地的贫苦大众结成了良好的关系，他主动学习里夫人的语言，成功地将里夫地区的部落团结起来，在里夫人中拥有很高的威望。

柏柏尔人在反抗法国殖民统治中发挥了积极的作用。在民族解放运动中，大多数柏柏尔人没有提出摩洛哥的柏柏尔属性问题，而是接受了阿拉伯伊斯兰文化的主导地位，积极投身于阿拉伯伊斯兰的民族主义运动。因此，对于参加了民族解放运动武装斗争的柏柏尔人而言，阿巴斯·穆萨阿迪将军遇刺是不可接受的，也是独立党试图在民族国家中边缘化柏柏尔人的开始。

阿巴斯·穆萨阿迪之死引发的反应之一是摩洛哥人民运动党的建立。1958年，柏柏尔部落首领马哈朱比·阿赫丹（Mahjoubi Aherdane）建立了人民运动党。该党无条件支持国王，反对民族主义政党独立党。尽管该党的主要成员是柏柏尔人，但并没有提出明确的柏柏尔主义主张。[②] 人民运动党的柏柏尔主义倾向虽是模糊的，但并非完全与之无关。该党试图引进摩

---

①　جلال زين العابدين، العنف السياسي بالمغرب غداة الاستقلال، نونيو 2016 ، https://platform,almanhal.com/Detail/Article/93520, 2018-01-18.

②　Michael J. Willis, "The Politics of Berber (Amazight) Identity: Algeria and Morocco Compared," *North Africa: Politics, Region, and the Limits of Transformation*, Routledge, 2008, p. 233.

洛哥认同的"多元文化"定义（既是阿拉伯人也是柏柏尔人）。[①] 马哈朱比·阿赫丹被视为柏柏尔优秀文化的象征。[②] 从这个意义上说，人民运动党是具有柏柏尔因素的，尽管其政治纲领并不是谋求实现摩洛哥的柏柏尔化。

人民运动党是坚定的保皇党，这对于其发展壮大、持续发挥政治作用以及马哈朱比·阿赫丹本人在政坛上地位的上升，都起到了至关重要的作用。在近 20 年的时间里，马哈朱比·阿赫丹与哈桑二世达成了一种默契，即避谈民族认同问题。[③] 人民运动党可谓摩洛哥政坛的常青树，在 2011 年的议会选举中名列第六大党。马哈朱比·阿赫丹在政治生涯中，曾经在八届政府中担任内阁成员。

马哈朱比·阿赫丹的政治地位，也为其保护柏柏尔文化、推动摩洛哥民族国家认同的多元化提供了便利。他创办了《阿马齐格文明和历史评论》杂志，并给《提非纳格》《阿格鲁阿马齐格周刊》等致力于弘扬柏柏尔文化的杂志的创办提供了帮助。[④]

2. 柏柏尔军官的军事政变

自摩洛哥独立到 20 世纪 70 年代，以独立党为代表的民族主义政党实际上是国王权威的最大挑战者。民族主义领袖不遗余力地致力于限制国王的权力，以最终实现国王作为民族统一的象征存在，而不掌握实权。更激进的主张是废除君主制，代之以共和政体。在反抗法国殖民统治时期，穆罕默德五世同意采取君主立宪制。独立之后，穆罕默德虽然原则上同意采取君主立宪制，但认为应当逐步过渡。直到 1958 年，穆罕默德五世才发布了皇家令，明确了民主化的步骤。[⑤] 无论是穆罕默德五世还是他的儿子哈桑二世，均不愿意向独立党所代表的民族主义政党让渡实际权力。由于民族主义对王室和柏柏尔人均构成了压力，柏柏尔人的政治和军事力量成为王室谋求对国家控制的主要支柱。

---

① 〔美〕凯瑟琳·E. 霍夫曼、苏珊·吉尔森·米勒编《马格里布的柏柏尔人与他者——超越部落和国家》，黄慧译，民主与建设出版社，2015，第 120 页。

② Mahjoubi Aherdane, https://fanack.com/morocco/faces/mahjoubi-aherdane/, 2018-02-20.

③ Bruce Maddy-Weitzman, *The Berber Identity Movement and the Challenge to North African States*, University of Texas Press, 2011, p. 96.

④ Mahjoubi Aherdane, https://fanack.com/morocco/faces/mahjoubi-aherdane/, 2018-02-20.

⑤ Salāh al-'Aqqād, *al-Maghrib al-'Arabī: fī Tārīkh al-Hadīth wa al-Mu'āsir*, Maktabat al-'Anjlū al-Mashiya, 1993, p. 525.

1961 年，穆罕默德五世逝世。其子哈桑二世继位后不久，就面临着来自民族主义反对派的挑战。1959 年，摩洛哥独立党的一名领袖马赫迪·本·巴尔卡脱离该党，建立了左翼的人民力量全国联盟（National Union of Popular Forces）。[1] 马赫迪·本·巴尔卡正是共和派的代表，一度被视为摩洛哥共和国总统的人选。在 1963 年摩阿边境冲突中，马赫迪·本·巴尔卡支持阿尔及利亚。在此期间，他极有可能组织了针对哈桑二世的政变。因此，马赫迪·本·巴尔卡被迫流亡法国，并在法国建立了旨在推翻哈桑二世的流亡政府。1965 年，卡萨布兰卡爆发了以青年学生为主力的抗议活动。这场抗议活动与人民力量全国联盟有着内在的联系，是该党反对国王的系列行动之一。同年，马赫迪·本·巴尔卡在巴黎被绑架，此后失踪。哈桑二世宣布国家进入紧急状态。根据后来披露的信息，哈桑二世的得力干将、柏柏尔将军穆罕默德·乌夫基尔是赴巴黎暗杀马赫迪·本·巴尔卡的三名摩洛哥特工之一。[2] 由此可见，柏柏尔高级军官对国王提供了有力的支持。摩洛哥独立后的皇家军队的主要成员都是曾经在法军中服役的柏柏尔人。这支军队保护哈桑二世度过了 20 世纪 60 年代的政治动荡，是哈桑二世巩固权力的重要保障。

在柏柏尔军政精英的支持下，凭借高超的政治平衡术，哈桑二世确立了绝对权威。但在 1971 年和 1972 年，哈桑二世却遭遇了两次由柏柏尔军官主导的政变。政变的直接原因是军官对政府和王室的腐败感到不满，并非典型的柏柏尔主义运动。政变参与者大多是来自里夫和阿特拉斯山区的柏柏尔军人。通过参军的方式，这些军界的柏柏尔精英在很大程度上已经脱离了柏柏尔文化圈。但是，在军政界，由于柏柏尔出身而难以得到提拔晋升的现象并不鲜见。独立以来，军官后备学校在招募学员时严重倾向于来自城市阿拉伯中产阶级家庭的子弟，也是导致政变的可能因素之一。[3] 此外，生活在柏柏尔人聚居区的这些军官的亲朋好友也有可能向他们传导身为柏柏尔人在摩洛哥被边缘化的压力。

---

[1] Phillip C. Naylor, *North Africa: A History from Antiquity to the Present*, University of Texas Press, 2009, p. 229.

[2] Encyclopedia Britannica, "Mehdi Ben Barka," https://www.britannica.com/biography/Mehdi–Ben–Barka, 2017-08-06.

[3] Bruce Maddy-Weitzman, *The Berber Identity Movement and the Challenge to North African States*, University of Texas Press, 2011, p. 91.

1971 年的政变是由穆罕默德·梅德布（Mohammed Medbouh）策划实施的。穆罕默德·梅德布是里夫柏柏尔人。他的父亲曾是阿卜杜·卡利姆麾下的一名战将，英勇抗击了法国殖民入侵。穆罕默德·梅德布接受过正规的军事学院教育，曾为 1956 年穆罕默德五世回国做出过贡献。哈桑二世即位后，穆罕默德·梅德布出任国王首席副官。[1] 作为哈桑二世的密友，1967 年，穆罕默德·梅德布成为皇家军事内阁首相。[2]

1971 年 4 月，穆罕默德·梅德布赴美治疗。其间，穆罕默德·梅德布获知了一桩涉及摩洛哥高官乃至国王本人的腐败案。他调查了泛美航空公司决定撤销在卡萨布兰卡建造一家国际酒店的项目的原因。他发现，摩洛哥官员向泛美航空公司索贿。哈桑二世的一名近臣甚至亲笔写下了应该向国王支付数亿美元的字据。[3] 得知消息的哈桑二世对涉嫌贪腐的官员进行了处理。但穆罕默德·梅德布认为这一处理不够彻底。7 月 10 日，穆罕默德·梅德布借哈桑二世庆生之机，试图刺杀国王。枪击造成众多前来参加国王生日宴会的贵宾伤亡，但国王本人躲过了刺杀。在混战中，穆罕默德·梅德布中弹身亡，政变宣告失败。之后，共有 10 名高级军官被处决，74 名军官被判处 1 年至终身监禁。[4]

1972 年 8 月，负责审讯 1971 年政变涉案军官的穆罕默德·乌夫基尔（Muhammad Ufqir）将军发动了第二次政变，试图刺杀哈桑二世。穆罕默德·乌夫基尔于 1920 年 5 月 14 日出生在塔菲拉勒特绿洲的艾因·沙伊尔村（'Ain al‒ Sha 'ir），祖籍阿尔及利亚西迪·贝勒阿巴斯。他的父亲是法属保护国时期的地方长官。[5] 他不仅会讲本地的塔马齐格特语，也能讲流利的法语，还会讲塔什希特语和摩洛哥阿拉伯语方言。他曾就读于著名的阿泽鲁学院，之后进入卡萨布兰卡军事学院学习，于 1941 年毕业。独立后，穆罕默德·乌夫基尔协助哈桑二世平定了里夫叛乱。自 1960 年起，历任国家安全总局局长、内政部长、国防部长、皇家军队总司令等职务。直到发动

---

① Stephen Hughes, *Morocco under King Hassan*, ITHACA Press, 2006, p. 86.

② Stephen Hughes, *Morocco under King Hassan*, ITHACA Press, 2006, p. 159.

③ Pierre Doublet, "Le complot de Skhirat," *L'Express*, https://www.lexpress.fr/actualite/monde/afrique/le‒complot‒de‒skhirat_482688.html, 2017‒08‒07.

④ Marvine Howe, *Morocco: The Islamist Awakening and Other Challenges*, Oxford University Press, 2005, p. 111.

⑤ Masū'at al‒Jazīrat, "Muhammad'Ufqīr," http://www.aljazeera.net/encyclopedia/icons/2015/7/8/, 2018‒02‒05.

政变之前，穆罕默德·乌夫基尔一直是哈桑二世最忠诚的下属。1972年8月16日，哈桑二世结束了对法国的访问，乘坐波音727专机启程回国。专机在进入摩洛哥领空后，遭到摩洛哥空军一架F-5战斗机的纠缠和炮击。哈桑二世奇迹般地生还，并安全降落在拉巴特机场。当晚，皇家军队迅速占领了空军基地，穆罕默德·乌夫基尔身亡。

时至今日，关于两次政变的诸多细节均没有完整的信息披露。两次政变之间的表面联系似乎是乌夫基尔对第一次军事政变后他的众多门生故旧遭到倾轧感到不满，特别是10名高级军官被处决。此外，由于穆罕默德·梅德布是从美国回到摩洛哥后旋即发动政变，两次政变是否与美国有关也引起了广泛的猜测。

可以肯定的是，穆罕默德·乌夫基尔作为深受国王信赖的柏柏尔高级将领，于1972年以如此决绝的方式与国王决裂，从某种程度上证明了柏柏尔政治精英与摩洛哥当时的政治安排之间的不协调。作为跻身主流社会的高级军官尚且如此，生活在偏远山区的广大柏柏尔普通民众在融入独立后摩洛哥现代社会进程中所遭遇的种种困难可想而知。穆罕默德·乌夫基尔是一个充满争议的人物，当代摩洛哥柏柏尔主义者选择回避这一人物。从这一点看，摩洛哥柏柏尔主义运动的主流仍忠诚于摩洛哥王室。

两次政变失败后，中阿特拉斯山区、大阿特拉斯山区和东南部地区的柏柏尔人集结了一支队伍，试图发动革命。但这场运动很快遭到强力镇压，参与者被关押，20多人被执行枪决。① 从柏柏尔人问题的角度分析，两次政变本身并没有明确的柏柏尔主义运动的动机，而是出于政变者对自身权位的追求。但是，由于政变者大多是来自里夫和中阿特拉斯山区的柏柏尔人，政变仍然给柏柏尔人造成了重大影响。

首先，跻身精英阶层的柏柏尔人失信于国王。政变之后，大批柏柏尔人被清除出军队、情报部门和重要的领导岗位。国王和柏柏尔军官之间自1961年以来的主仆关系发生了变化。政变一定程度上反映了保护国时期分而治之政策的影响，柏柏尔人客观上成为城市阿拉伯精英的对立面。政变进一步加深了两大群体间的不信任。与阿尔及利亚相同的是，柏柏尔主义

---

① 〔美〕凯瑟琳·E.霍夫曼、苏珊·吉尔森·米勒编《马格里布的柏柏尔人与他者——超越部落和国家》，黄慧译，民主与建设出版社，2015，第122页。

运动兴起的内因是急需摆脱殖民文化影响而激进进行阿拉伯伊斯兰民族国家认同建设的国家对柏柏尔群体利益的忽视。不同的是，阿尔及利亚柏柏尔主义运动的目标更明确，组织性更强。摩洛哥柏柏尔人的族群意识较弱，不同地区、不同部落、不同身份的柏柏尔人隶属于不同的组织，忠实于不同的意识形态，更加碎片化，摩洛哥柏柏尔主义运动的强度因此也比阿尔及利亚弱。

其次，坚定了国王建设阿拉伯伊斯兰民族国家的决心。从文化身份上讲，穆罕默德·乌夫基尔是标准的摩洛哥本土柏柏尔人，他本人的阿拉伯语水平不高，对于摩洛哥加入阿拉伯国家联盟也不支持。尽管他不是柏柏尔主义运动的发起者，但他发动的政变仍然深刻影响了国王对柏柏尔人的态度。阿拉伯民族主义者也乘机对柏柏尔人进行打击。1971 年和 1972 年的政变被非斯和卡萨布兰卡的阿拉伯中产阶级视为柏柏尔人对他们既得利益的重大挑战，独立党作为代表对此口诛笔伐，将政变定义为柏柏尔民族主义对摩洛哥国家的挑战。[①]1973 年，哈桑二世派军队进入叙利亚，参加了第四次中东战争。这是哈桑二世向阿拉伯世界重申摩洛哥阿拉伯伊斯兰属性，并将自己定位为阿拉伯民族主义者的举措。通过参与阿拉伯国家共同打击以色列的军事行动，哈桑二世对摩洛哥认同分裂做出了有力的回击，明确了摩洛哥作为阿拉伯国家联盟成员国的属性。

三　摩洛哥柏柏尔人问题的语言文化维度

摩洛哥柏柏尔人问题的政治化程度不高，柏柏尔主义运动的主要方面体现在对柏柏尔人语言和文化权利的追求。摩洛哥柏柏尔主义运动的骨干力量主要是来自苏斯地区的知识分子，大学生和教师是其中的中坚力量。摩洛哥柏柏尔主义运动最早的行动方式是建立柏柏尔文化组织或研究会。柏柏尔主义组织在命名时多以"文化协会"的名义作为掩护。这体现出柏柏尔主义相对于阿拉伯民族主义、伊斯兰主义等主流思潮而言是弱小的，因此在争取柏柏尔人权利的过程中，必须做出妥协和调适。

---

① John Waterbury, "The Coup Manque," in Ernest Gellner and Charles Micaud ed., *Arabs and Berbers: From Tribe to Nation in North Africa*, Lexington, 1972, p. 405.

1. 20 世纪 60~70 年代柏柏尔文化组织的建立

随着阿拉伯化政策的推进，柏柏尔人对于自身被边缘化的感觉越来越强烈。20 世纪 60 年代以来，多个柏柏尔文化组织在摩洛哥建立起来，柏柏尔主义运动由此兴起。柏柏尔主义运动的骨干分子是来自苏斯地区的大学生和教师。

1967 年 11 月 19 日，巴黎和拉巴特的柏柏尔青年知识分子建立了摩洛哥首个柏柏尔文化组织——摩洛哥文化研究与交流协会（Moroccan Association for Research and Cultural Exchange）。该协会会长是拉巴特的数学教师卜拉希姆·阿基亚特（Brahim Akhiat）。卜拉希姆·阿基亚特出生于 1941 年，2018 年去世。他还是一位诗人和作家，他创作的主题都与柏柏尔民族国家认同有关。2002 年，卜拉希姆·阿基亚特加入了皇家阿马齐格文化研究院（Royal Institute of the Amazigh Culture）。该组织的主要主张是反对阿拉伯伊斯兰的民族主义思想，要求体现摩洛哥的柏柏尔属性，致力于搜集整理柏柏尔人的口述历史和民族文化。

20 世纪 70 年代，柏柏尔文化组织继续发展。以苏斯为中心的多个文化协会建立，例如阿加迪尔暑期大学、塔梅纳特（Tamaynunt）文化协会、新阿马齐格文化艺术协会（Nouvelle Association de la Culture et des Arts Amazighs）等。[①] 后两个组织的建立者哈桑·伊德贝勒·卡西姆（Hassan Idbel Kassem）毕业于穆罕默德五世大学法学专业，是一名人权律师。他所建立的塔梅纳特旨在保护柏柏尔人的语言和文化权利。他一直以律师的身份，从人权角度为摩洛哥柏柏尔人的权利发声。[②]

1980 年，阿尔及利亚卡比利亚地区爆发了"柏柏尔之春"。此后柏柏尔主义运动的浪潮从阿尔及利亚扩散到整个北非地区。以柏柏尔文化运动（MCB）的建立为标志，跨国的柏柏尔主义运动兴起。摩洛哥的柏柏尔主义运动也受到这次浪潮的影响，从早期的宣传柏柏尔文化和艺术转向了公开化的柏柏尔主义运动。

---

① 〔美〕凯瑟琳·E.霍夫曼、苏珊·吉尔森·米勒编《马格里布的柏柏尔人与他者——超越部落和国家》，黄慧译，民主与建设出版社，2015，第 122 页。
② "Mr. Hassan Id Balkassm," http://www.un.org/esa/socdev/unpfii/documents/members/member-balkassm.pdf, 2018-08-01.

2. 皇家阿马齐格文化研究院的实践

20 世纪 90 年代，哈桑二世放松了对柏柏尔语和柏柏尔文化的限制。1994 年 8 月 29 日，哈桑二世在阿加迪尔的"纪念国王和人民的革命"活动中发表演讲，宣布阿马齐格"方言"是"我们历史真实的一个组成部分"，因此从理论上讲，应当在公立学校中讲授。[①] 国王的这一表态使柏柏尔主义者无比振奋，他们在国王充满温情的讲话中看到了希望和未来。[②]

1999 年 7 月，哈桑二世逝世，穆罕默德六世继承王位。与他的父亲相比，穆罕默德六世对于柏柏尔主义者的诉求更为包容，柏柏尔人的地位得到了较大的改善。2001 年，穆罕默德六世宣布兴建皇家阿马齐格文化研究院（简称阿马齐格研究院）。阿马齐格研究院的建立是摩洛哥柏柏尔主义运动的里程碑。其最大的作用在于为柏柏尔文化的弘扬传播提供了一个权威平台，柏柏尔文化由此成为可以公开讨论的话题。

皇家阿马齐格研究院由国王直接领导，国王拥有最高决策权。研究院设 1 名执行副院长，负责日常事务。管理团队是一个由 40 人组成的行政委员会。40 名委员中包括 5 名来自内政部、教育部、文化部和新闻部的代表，1 名摩洛哥大学的校长代表，1 名学术委员会主席，其他成员是从柏柏尔人中遴选的文化界、思想界和知识界人士。研究院共有约 100 名专职研究人员。研究院的经费纳入国家预算，每年约为 80 万美元。[③]

皇家阿马齐格研究院的核心任务是复兴和保护阿马齐格文化。具体工作包括以下几个方面：搜集、记录阿马齐格文化的各种表现形式，并对之进行保存、保护及传播；开展阿马齐格文化研究，使更多人了解阿马齐格文化，鼓励专家学者开展相关领域的研究；振兴与阿马齐格文化相关的艺术创作，以弘扬、传播马格里布的历史遗产和文明；研究能够帮助柏柏尔语教育的书写体；参与教学大纲的编写，推动在教育系统内开展柏柏尔语

[①] 〔美〕凯瑟琳·E. 霍夫曼、苏珊·吉尔森·米勒编《马格里布的柏柏尔人与他者——超越部落和国家》，黄慧译，民主与建设出版社，2015，第 123 页。

[②] التجاني بولعوالي، راهن الأمازيغية في ضوء المتغيرات الجديدة، أفريقيا الشرق، 2014، ص 7.

[③] Hassan Id Balkassm, "Amazigh laguge statut in Morocco and North Africa," International Expert Group Meeting on Indigenous Languages, Department of Economic and Social Affairs, Division for Social Policy and Development Secretariat of the Permanent Forum on Indigenous Issues, 2008–01.

教育；探索有助于加强和提高柏柏尔语在交流与传媒中地位的方法。^①

自 2002 年起，皇家阿马齐格研究院开始了实现柏柏尔语规范化、推动柏柏尔语进入教育系统的大工程。柏柏尔语在 2003 年第一次被写进独立后的《国家教育大纲》。2003 年 2 月，在皇家阿马齐格研究院的建议下，提非纳格文被确定为柏柏尔语的书写文字。^② 在明确了使用提非纳格文后，皇家阿马齐格研究院着手进行系统的研究，对提非纳格文进行了大量的样本采集和分析，最终形成了规范化的现代字母体系——被称为"提非纳格 –IRCAM"字母表。皇家阿马齐格研究院的这套方案完成了 33 个字母的标准化，这套字母体系获得了国际标准化组织（ISO）的认证，每个字母都有统一码（unicode）。^③

2003 年秋季学期，柏柏尔语被正式纳入摩洛哥国民教育体系。^④ 但是由于缺少充分的准备，教学效果并不理想。首先是规模有限，开设柏柏尔语课程的学校为 317 所，在 2003~2004 学年，仅有 11% 的小学生接受了柏柏尔语教育。^⑤ 其次是教学准备不充分，既缺少业务能力合格的授课教师，又缺少合适的教材和教学大纲。最后是管理权责不清，课程建设的主管单位是教育部，但柏柏尔语教学的实施单位却是皇家阿马齐格研究院。

尽管存在各种问题，在国民教育体系中，柏柏尔语教育仍然逐步发展起来。2011~2012 学年，共有 4000 所小学开设了柏柏尔语课程。2013~2014 学年，开设柏柏尔语课程的学校增加到 9915 所。师资也有很大改善。最初在小学教授柏柏尔语的教师大多是教授阿拉伯语和法语的兼职教师。到了 2011~2012 学年，已有 80 名获得教育部认证的柏柏尔语高级教师，到了

① ظهير شريف رقم 299–0–1 يقضي بإحداث المعهد الملكي للثقافة الأمازيغية، الجريدة الرسمية رقم 4948، 1–6–2001.

② نادية المخزومي، الحقوق اللغوية بالمغرب بين المطلب الحقوقي والاعتراف الدستوري اللغة الأمازيغية نموذجا، 2016، http:// platform,almanhal.com/Detail/Article/106127, 2018–06–02.

③ Youssef Es Saady, Ali Rachidi, Mostafa El Yassa, Driss Mammass, "AMHCD: A Database for Amazigh Handwritten Character Recognition Research," *International Journal of Computer Applications*, Vol. 27, No. 4, 2011.

④ Youssef Es Saady, Ali Rachidi, Mostafa El Yassa, Driss Mammass, "AMHCD: A Database for Amazigh Handwritten Character Recognition Research," *International Journal of Computer Applications*, Vol. 27, No. 4, 2011.

⑤ نادية المخزومي، الحقوق اللغوية بالمغرب بين المطلب الحقوقي والاعتراف الدستوري اللغة الأمازيغية نموذجا، 2016، http:// platform,almanhal.com/Detail/Article/106127, 2018–06–02.

2013~2014 学年，柏柏尔语高级教师人数达到了 120 名。①

2010 年底，"阿拉伯之春"爆发。2011 年 2 月，摩洛哥各地发生了示威游行，要求国家进行民主化改革。在此期间，里夫、苏斯、阿特拉斯山、卡萨布兰卡等柏柏尔人主要聚居区均发生了示威游行活动，在示威游行活动中，柏柏尔人打出了代表柏柏尔文化的旗帜和标语。②3 月 9 日，穆罕默德六世宣布将进行宪法修订。7 月 1 日，摩洛哥举行了新宪法公投，72%的选民参加投票，以 98.5% 的支持率通过了新宪法。③ 新宪法第 5 条写道："阿拉伯语是国家的官方语言……柏柏尔语也是国家的官方语言，它是全体马格里布人共同的基石。宪法执行法确定正式恢复阿马齐格属性的各个阶段，以及如何将柏柏尔语纳入教育及公共生活，使之能够发挥官方语言的职能。……摩洛哥语言文化全国委员会将专门负责保护和发展阿拉伯语和柏柏尔语的工作。"④

通过这次修宪，柏柏尔语获得了官方语言的地位，这是摩洛哥柏柏尔主义运动的一项重大突破。但从现实条件讲，柏柏尔语离承担起官方语言的职责还有很大的差距。皇家阿马齐格研究院在柏柏尔语的规范化方面已经做了一些工作，但因不同地区的柏柏尔方言存在差异，标准化之路难以一蹴而就。

四　摩洛哥柏柏尔人问题的经济维度

里夫地区的柏柏尔人问题与摩洛哥东南部以及阿特拉斯山区的柏柏尔人问题有着较大的不同。相对而言，里夫柏柏尔人的反叛精神更强。历史上，里夫柏柏尔人的英雄阿卜杜·卡利姆曾英勇抗击西班牙殖民主义者，并建立过里夫共和国。在民族解放运动的武装斗争时期，里夫地区出现了阿巴斯·穆萨阿迪这样的抗战英雄。

摩洛哥独立之后，里夫柏柏尔人曾经发起长达 13 个月的叛乱。里夫

---

① ‏، ‏مصطفى مروان، تدريس اللغة الأمازيغية بالمدرسة المغربية، أية حصيلة؟، 2014-11-19‏‎، https://azilal24.com/news2598.html, 2018-08-02.

② ‏التجاني بولعوالي، راهن الأمازيغية، أفريقيا الشرق، 2013، ص 33.‎

③ 黄培昭、张梦旭：《开明国王，让摩洛哥避免阿拉伯之春》，《环球人物》2012 年第 30 期。

④ ‏، ‏دستور للمملكة المغربية لعام 2011‏‎، https://www.constituteproject.org/constitution/Morocco_2011.pdf?lang=ar, 2018-08-06.

地区柏柏尔人起义的直接原因在于无法认同一个阿拉伯伊斯兰属性的摩洛哥民族国家。但更深层次的原因在于里夫地区的经济困境。大量居民失业，地方行政机构运转无效，医疗、道路、学校等公共服务严重缺失。长期的干旱导致里夫地区粮食歉收，生计困难。里夫地区地理条件恶劣，多为山地和陡峭的悬崖，土地贫瘠，可耕地面积有限，且缺少雨水灌溉。北部地区年平均降水量约为 500 毫米，主要集中在春秋两季；南部地区年平均降水量为 400~500 毫米，年平均降水量最多的地区为 600 毫米。[①] 除了恶劣的自然条件外，里夫地区的耕作技术也非常落后，独立以来几乎没有发展。例如非斯附近的山区，仍然依靠季节性的耕作。山上几乎没有植被，呈现一派萧条的景象。1956~1957 年，政府曾向里夫地区发放粮食，但收效甚微。此外，摩洛哥政府关闭了阿摩的边境通道，导致该地区人民失去了一些季节性农业雇工的工作机会，进一步加剧了他们的生活困难。西班牙军队撤出后，曾经在西班牙军队服役的里夫士兵也失去了生活来源。总而言之，里夫柏柏尔人认为，他们为民族解放运动浴血奋战，但国家独立并没有给他们带来切实的好处。

独立初期里夫柏柏尔人的叛乱最终遭到强力镇压，此后，里夫地区成了一片被抛弃在摩洛哥国家之外的区域，基础设施破旧、文盲率高企、经济发展滞后。时至今日，里夫地区成为摩洛哥最不发达的区域，经济问题成为里夫柏柏尔人与国家之间矛盾的焦点。

1999 年，穆罕默德六世继任国王后，着力打造开明君主的形象。他在继位后的第 3 个月视察了里夫地区。对于经济、文化全面落后的里夫地区而言，40 年来摩洛哥国王的首次到来令当地居民感到兴奋。人们抛撒玫瑰花瓣，并高呼国王家族世世代代做摩洛哥君主的口号。[②]

穆罕默德六世向里夫人民做出了推动当地社会经济发展、消除贫困的承诺。他还邀请阿卜杜·卡利姆的儿子从开罗回国，并向他承诺修复阿卜杜·卡利姆在阿加迪尔的故居。[③] 在首次视察之后，穆罕默德六世又多次走

---

① حسن ضايض، تعدد مؤشرات الفقر وألوانه في الريف المغربي، المركز العربي للأبحاث ودراسة السياسات، ص4 , https://platform.almanhal.com/Details/Article/15627, 2018-05-11.

② Bruce Maddy-Weitzman, *The Berber Identity Movement and the Challenge to North African States*, University of Texas Press, 2011, p. 157.

③ Bruce Maddy-Weitzman, *The Berber Identity Movement and the Challenge to North African States*, University of Texas Press, 2011, p. 157.

访了里夫地区的城市。政府在里夫地区投入了大量资金以推动当地经济发展，其中最重要的是丹吉尔港建设项目。2007 年，丹吉尔港投入使用，成为地中海和非洲吞吐量最大的港口之一。2011 年 12 月，丹吉尔港综合性港口改造项目启动。项目包括 1167 米长的防波堤、2537 米长的码头、占地 11 公顷的船坞和占地 12 公顷的空地。①

丹吉尔港的开发给当地创造了新的就业机会，但这并不意味着整个里夫地区的经济得到了全面发展。穆罕默德六世选择治理丹吉尔，并不只是为了发展当地经济，还包括了对摩洛哥与欧洲关系的考量。丹吉尔附近土地贫瘠，农作物生长困难，大麻种植是当地农民的主要生计。丹吉尔港毗邻欧洲，交通便利，已然成为地中海的毒品中转站。通过开发丹吉尔港项目，遏制当地的毒品交易，穆罕默德六世也因此获得了欧盟的赞许。然而，穆罕默德六世的举措并没有从根本上解决里夫地区的欠发达状况。

2016 年，里夫地区发生暴乱，里夫问题再度引起全球关注。当年 10 月，里夫胡塞马城鱼贩穆赫辛·法克里（Muhsin Fikri）因对警察罚没自己的鱼感到不满，试图捞出被扔进垃圾车的鱼，结果不幸被碾压身亡。② 惨烈的事件视频迅速在互联网上传播，引发了"阿拉伯之春"以来摩洛哥最严重的群众示威活动。示威者甚至打出了"阿拉伯之春"中广泛使用的"人民要求推翻政权"的旗号，愤怒的人群控诉里夫地区所遭遇的社会、经济和政治的不公正，要求发起新的"阿拉伯之春"。③

示威者最初的要求是惩办当事警察，实现司法公正。随着事态的发展，里夫地区与中央政府之间的深刻矛盾暴露出来。示威者要求改善里夫的经济和社会发展，改变自哈桑二世以来长期被边缘化的局面。示威者还对摩洛哥政治体制改革的失败进行了批判。这场由渔贩惨死引发的示威活动，最终变成了被边缘化的群体与既得利益集团在国家财富、福利分配问题上的争夺，是里夫地区柏柏尔人长期以来因被边缘化而积压的不满情绪的全面爆发。

---

① 《摩洛哥丹吉尔港进行多功能性扩大改造》，中国驻摩洛哥大使馆经商处，2011 年 12 月 27 日，http://www.mofcom.gov.cn/aarticle/i/jyjl/k/201112/20111207901601.html, 2018-03-09。
② الجزيرة، أحكام بالسجن في قضية مقتل المغربي محسن فكري، 2017-4-27، http://www.aljazeera.net/news/arabic/2017/4/27/, 2018-07-08.
③ محمد الإدريسي، الحراك الاحتجاجي في الريف المغربي: كيف وإلى أين؟، ص2 https://platform.almanhal.com/Details/Article/116833, 2018-06-12.

示威活动经历了 6 个月后，胡塞马的抵抗运动仍未平息。此间里夫地区出现了一位青年领袖纳赛尔·扎夫扎非（Nasir al-Zafzafi，1978~   ）。他所发起的人民运动（al-Harakah al-Shaabiyah，简称"哈拉克运动"）成为里夫示威活动的主要力量，他也成为新时期里夫抗争运动的新生代领袖的代表。

纳赛尔·扎夫扎非是胡塞马本地人。他出身于阿亚特·拉亚加勒（Ait Riyaghl）部落。这个部落是里夫地区最重要的柏柏尔部落之一。他的族人曾经在里夫共和国担任过官职。尽管祖上有着比较显赫的历史，但纳赛尔·扎夫扎非是完全的草根，曾经做过保安，开过手机维修店，也当过农民。穆赫辛·法克里惨案发生之前，他已经是当地小有名气的异见领袖，常常通过网络发表见解。

穆赫辛·法克里惨案发生后，纳赛尔·扎夫扎非用当地的柏柏尔语方言发表了演讲，严厉批评了政府边缘化胡塞马的行径。他还通过社交媒体点名批评了内阁部长、地方精英以及议员，要求解除对胡塞马和里夫的限制，发展地区经济。由于思路清晰且能言善辩，纳赛尔·扎夫扎非赢得了众多人的支持和保护。他也因此获得了"里夫卡伊德"的称号。[1]2017 年 5 月，摩洛哥安全机构以"危害国家安全"的罪名逮捕了纳赛尔·扎夫扎非。之后，共有约 450 名哈拉克运动的成员被逮捕。2018 年 6 月 26 日，卡萨布兰卡上诉法庭判处纳赛尔·扎夫扎非及其 3 名主要同党 20 年监禁。[2]

里夫的哈拉克运动在政府的高压下遭到了遏制。但里夫柏柏尔人与中央政府及王室之间的不信任却在进一步加深。可以肯定的是，2016 年的里夫动荡已经从事实上宣告了皇家阿马齐格文化研究院的方案在解决柏柏尔人问题上的无力。仅仅在法律上承认柏柏尔语的官方地位，或是对柏柏尔语和柏柏尔文化进行学院派的研究，并不能解决大批生活贫困、缺少尊严的柏柏尔人的实际困难。

---

① موسوعة الجزيرة، من هو ناصر الزفزافي؟، 2017-5-30، http://www.aljazeera.net/encyclopedia/icons/2017/5/30/, 2018-08-01.

② الجزيرة، حراك الريف: القضاء المغربي يصدر أحكامه، 2018-6-27، http://www.aljazeera.net/news/arabic/2018/6/27/, 2018-07-28.

五 结语

摩洛哥柏柏尔人问题的起因可以追溯到法属保护国时期的"分而治之"政策。这一政策加深了柏柏尔人与阿拉伯人之间的差异，冲淡了在漫长历史变迁中两大族群共享的伊斯兰认同。独立以后的阿拉伯化政策直接导致了柏柏尔主义运动的兴起。在柏柏尔主义运动发展的过程中，柏柏尔人在政治上总体保持了对王室的忠诚，反对的是主张阿拉伯民族主义的各政党。语言文化权利是摩洛哥柏柏尔主义运动的核心诉求。

纵观摩洛哥独立以来的历史，柏柏尔主义始终在摩洛哥政治中受到打压，然而却从未被彻底平息，且不断迫使当局做出让步。这一点与摩洛哥政治生态有着密切的关系，虽然王室、民族主义者、伊斯兰主义者在民族认同的问题上高度一致，但相互之间在政治权力分割上有着巨大的张力。从独立初期独立党谋求一党制，到伊斯兰主义政党不断壮大，摩洛哥政坛的各个政治派别都或多或少地希望王室让渡部分权力。柏柏尔主义运动的政治化程度最低，从未提出过分享政治权力的要求。20 世纪 70 年代的两次政变并非代表着柏柏尔主义运动的政治化，至多代表了柏柏尔军政精英与王室之间的摩擦。以柏柏尔人为群众基础的唯一政党人民运动党是坚定的保皇党，在柏柏尔主义问题上态度暧昧。这些特征使柏柏尔主义运动不足以在政治上影响王室的权威。王室实际上也默许了柏柏尔主义在可控的范围内发展，以之作为平衡其他政治派别的工具。随着皇家阿马齐格文化研究院的建立和发展以及柏柏尔语获得官方语言地位，柏柏尔主义运动的语言文化诉求基本上得到了满足。

经济问题是近年来柏柏尔主义运动聚焦的新方向，特别是在经济发展困难的里夫地区。柏柏尔主义运动虽然尚未成为影响摩洛哥政局强有力的政治反对派，但里夫的地方分离主义对摩洛哥的国家统一和稳定或将造成持续的影响。从里夫的历史看，里夫是最有可能走向分离主义的柏柏尔人聚居区。它已经具备了构建民族所需要的共同的历史、民族象征、语言乃至久居的土地等要素。里夫柏柏尔人的英雄阿卜杜·卡利姆建立的里夫共和国是这些要素的历史标识。2005 年，大批里夫籍柏柏尔人退出皇家阿马齐格文化研究院。这一事件再次证明了里夫人拒绝妥协的态度。如里夫地区的民生问题无法得到彻底改善，经济问题将演化为政治危机，并最终导致里夫的地方分离主义进一步抬头。

阿联酋对外援助：机制、特点与动因

张若枫[*]

【内容提要】自 1971 年建国以来，随着对外援助规模的扩大和援助实践的深化，阿联酋逐渐建立起较为完善的对外援助机制，并在对外援助的规模、比例、渠道、地理分布、资金使用方式和侧重领域等方面形成了自身的鲜明特点。在此过程中，阿联酋对外援助的动因在不同时期伴随地区局势演变和国家外交政策调整而有所变化。尽管阿拉伯团结和伊斯兰教慈善传统等观念因素一度在阿联酋对外援助政策中发挥重要作用，但进入 21 世纪以来，身份和观念因素的影响越来越小，阿联酋对外援助政策以安全战略考量和政治利益为导向。在"阿拉伯之春"爆发后，阿联酋对外援助"政治化"和"安全化"的趋势日益显著，对外援助已成为其维持自身政权稳定、防范革命蔓延、参与地区地缘战略竞争和塑造地区秩序的重要工具。

【关键词】阿联酋　对外援助　外交政策　阿布扎比发展基金

对外援助是指一个国家或国家集团对另外一个国家或国家集团提供无偿或优惠性的有偿货物或资金，用以解决受援国所面临的政治经济困难或问题，或是达到援助国国家特定目标的一种手段。[①] 自 1971 年建国起，阿联酋即开始进行对外援助活动。经过半个多世纪的对外援助实践，阿联酋

---

* 张若枫，北京大学外国语学院阿拉伯语系 2021 级博士研究生。

① 宋新宁、陈岳：《国际政治经济学概论》，中国人民大学出版社，1999，第 216 页。

逐渐建立起较为完善的对外援助机制，其对外援助规模不断扩大，日益崛起为国际援助体系中的重要力量。2011 年"阿拉伯之春"爆发以来，随着地区地缘战略竞争的激化和国家外交政策的整体转型，阿联酋积极开展对外援助，并将其作为防范革命蔓延、维护本国政权稳定和国家安全，进而增强地区影响力的重要工具。由于援助规模大、范围广、占国民收入比例高，阿联酋已成为国际援助体系中日益重要的力量，引起国际社会广泛关注。本文将对阿联酋在不同历史时期对外援助的机制、特点和动因进行系统把握和全面考察，着重分析"阿拉伯之春"爆发以来阿联酋对外援助政策的转变及近期发展趋势，从而有助于学界更加全面地把握阿联酋近年来国家内外战略和地区政策的调整。

一　阿联酋对外援助机制的建立与完善

早在 1971 年阿联酋正式建国之前，其内部各酋长国就已开始进行对外援助活动，但当时的援外活动大多是小规模、非机制化的行为。例如，在 1948 年第一次中东战争前夕，迪拜和沙迦都举行了支持巴勒斯坦人的募捐活动。[①] 在 1971 年建国后，阿联酋即开始实施对外援助计划。随着 1973 年油价暴涨和石油公司国有化带来的石油收入大幅增加，阿联酋逐渐扩大了对外援助规模，并建立起较为完善的对外援助机制。目前，阿联酋共有 40 余个机构进行对外援助，其中以官方机构为主导，非政府组织为补充。2020年，阿联酋对外援助总额为 27.9 亿美元，其中 88.6% 来自官方机构，其余来自非政府组织。[②] 官方机构主要包括阿布扎比发展基金（Abu Dhabi Fund for Development, ADFD）及阿联酋联邦和地方各级政府部门。

阿布扎比发展基金隶属于阿布扎比政府，是阿联酋最主要的官方对外援助执行机构。在开国总统扎耶德·本·苏尔坦的倡议下，阿布扎比发展基金于 1971 年成立，旨在协助政府进行对外援助，负责向发展中国家提供赠款和优惠贷款、管理政府提供的援助资金以及提升该基金投资项目的

---

① Khalid S. Almezaini, *The UAE and Foreign Policy: Foreign Aid, Identities and Interests,* New York: Routledge, 2012, p.52.

② MOFAIC, *United Arab Emirates Foreign Aid 2020,* Abu Dhabi: Ministry of Foreign Affairs and International Cooperation, 2021, p.20.

收益以确保其有充足资金进行对外援助。2020年，该基金对外援助额达到17.3亿美元，占阿联酋对外援助总额的62.1%。[1]

在阿布扎比发展基金之外，阿联酋政府（包括联邦和地方政府部门）成为该国对外援助的第二大提供者，2020年其对外援助额为6.2亿美元，占阿联酋对外援助总额的22.2%。[2]目前，阿联酋外交与国际合作部是该国对外援助的主管部门，阿联酋财政部、教育部、卫生部、总统事务部、阿布扎比财政局、阿布扎比卫生局等多个联邦和地方政府部门也都不同程度参与其中。

随着援助规模的逐渐扩大和援助实践的不断深化，阿联酋对外援助机制日益制度化、专业化，并积极融入国际援助体系。2008年，阿联酋设立对外援助协调办公室（The Office for the Coordination of Foreign Aid, OCFA），标志着该国对外援助进入新时期。该机构于2009年初正式开始运行，负责协调、跟踪、记录对外援助活动并评估其影响，对援外机构提供支持。2010年，对外援助协调办公室发布了阿联酋首份对外援助年度报告《阿联酋对外援助2009》（*United Arab Emirates Foreign Aid 2009*），阿联酋成为首个定期发布对外援助报告的海合会国家。同年，阿联酋首次向经济合作与发展组织下属的发展援助委员会（Development Assistance Committee, DAC，以下简称"发援会"）[3]报告援助数据，是发援会成员之外第一个提交详细年度报告的国家。

2013年，阿联酋成立国际合作与发展部（Ministry of International Cooperation and Development, MICAD），在承担原先对外援助协调办公室的职能之外，还致力于加强与各大国际发展组织的合作以及在国际援助领域提升影响力。2014年，阿联酋成为发援会首个参与国，即作为非经合组织成员有权参加发援会的所有非闭门会议。2016年，阿联酋外交部和国际合作与发展部合并组建了外交与国际合作部（Ministry of Foreign Affairs and

---

[1] MOFAIC, *United Arab Emirates Foreign Aid 2020*, Abu Dhabi: Ministry of Foreign Affairs and International Cooperation, 2021, p.20.
[2] MOFAIC, *United Arab Emirates Foreign Aid 2020*, Abu Dhabi: Ministry of Foreign Affairs and International Cooperation, 2021, p.20.
[3] 发展援助委员会是经济合作与发展组织下属的委员会之一，现有30个成员（29个经合组织成员国和欧盟）。发援会负责协调向发展中国家提供的官方发展援助，是国际社会援助发展中国家的核心机构。

International Cooperation, MOFAIC）。自此，外交与国际合作部成为阿联酋对外援助的主管部门，负责对外援助战略的制定、实施和跨部门协调等工作。同年 12 月，外交与国际合作部发布《促进全球和平与繁荣：阿联酋 2017~2021 年对外援助政策》（*Promoting Global Peace and Prosperity: UAE Policy for Foreign Assistance 2017-2021*）。作为阿联酋首份关于对外援助的纲领性文件，它确定了该国对外援助的三个优先领域：妇女赋权与保护、政府有效性、交通与城市基础设施。[1] 同时，该文件强调阿联酋大力支持联合国 2030 年可持续发展议程，其外援工作将与联合国提出的 17 项可持续发展目标相契合。

在官方机构之外，大量阿联酋非政府组织也参与了对外援助活动，主要包括阿联酋红新月会（UAE Red Crescent Authority）、国际慈善组织（International Charity Organization）、仁慈之家协会（Dar Al Ber Society）、哈利法·本·扎耶德·阿勒纳哈扬基金会（Khalifa Bin Zayed Al Nahyan Humanitarian Foundation，以下简称"哈利法基金会"）、扎耶德·本·苏尔坦·阿勒纳哈扬慈善与人道主义基金会（Zayed Bin Sultan Al Nahyan Charitable and Humanitarian Foundation）、穆罕默德·本·拉希德·阿勒马克图姆人道主义与慈善机构（Mohammed Bin Rashid Al Maktoum Humanitarian and Charity Establishment）、阿勒马克图姆基金会（Al Maktoum Foundation）、迪拜关怀（Dubai Cares）、沙迦慈善协会（Sharjah Charity Association）等。其中阿联酋红新月会和国际慈善组织的对外援助规模最大，2020 年援助资金分别为 1.28 亿美元和 0.64 亿美元，各占阿联酋对外援助总额的 4.6% 和 2.3%（见表 1）。此外，阿联酋红新月会、迪拜关怀和穆罕默德·本·拉希德·阿勒马克图姆人道主义与慈善机构这三个组织同时接受政府财政支持和私人捐助，因此被一些国际机构认定为"半官方组织"。

---

[1] MOFAIC, *Promoting Global Peace and Prosperity: UAE Policy for Foreign Assistance 2017-2021,* Abu Dhabi: Ministry of Foreign Affairs and International Cooperation, 2017, p.15.

表1　2020年阿联酋主要对外援助机构对外援助情况一览

单位：百万美元，%

援助机构	援助金额	占阿联酋年度对外援助总额比重
阿布扎比发展基金	1731.8	62.1
政府部门	619.8	22.2
阿联酋红新月会	128.2	4.6
国际慈善组织	63.5	2.3
仁慈之家协会	46.4	1.7
迪拜关怀	33.7	1.2
哈利法基金会	30.1	1.1
沙迦慈善协会	25.1	0.9
阿勒马克图姆基金会	14.6	0.5
国际人道主义城	13.5	0.5

资料来源：阿联酋外交与国际合作部：《2020年对外援助报告》，https://www.mofaic.gov.ae/en/the-ministry/uae-international-development-cooperation/annual-foreign-aid-report。

二　阿联酋对外援助的特点

经过半个多世纪的援助实践，阿联酋在对外援助的规模、比例、渠道、地理分布、资金使用方式和侧重领域等方面形成了自身的鲜明特点。尤其在近10年，由于援助规模大、范围广、占国民收入比例高，阿联酋已崛起为国际援助体系中的重要力量。

1. 援助规模与援助力度

从援助规模来看，阿联酋自1971年建国起进行对外援助，截至2020年累计对外援助总额达到859亿美元，[①] 跻身世界前列。尤其在2013年，阿联酋对外援助规模急剧扩大，此后其援助规模长期维持在高位（见图1），超过了大多数西方发达国家。受国际油价持续下跌和新冠疫情对经济的

---

① The United Arab Emirates' Government Portal, "The UAE's Aid to Foreign Countries," https://u.ae/en/information-and-services/charity-and-humanitarian-work/the-uae-aid-to-foreign-countries, accessed: 2022-07-01; Varun Godinho, "UAE's Foreign Aid from 2010 to 2021 Totalled $56.14bn," *Gulf Business,* August 25, 2021, https://gulfbusiness.com/uaes-foreign-aid-from-2010-to-2021-totalled-56-14bn/, accessed: 2022-07-01.

负面影响，2020 年阿联酋对外援助金额为 27.9 亿美元，较 2019 年减少了 65%。[①]

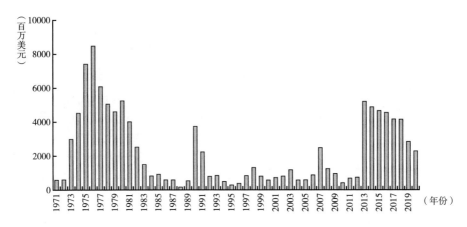

图 1　1971~2020 年阿联酋官方发展援助金额

资料来源：笔者根据经济合作与发展组织官网数据整理制作，https://data.oecd.org/oda/net-oda. htm#indicator-chart。

国际社会在衡量一国援助力度时通常以官方发展援助（Offical Development Assistance, ODA）占国民总收入（General National Income, GNI）的比例作为标准。根据经合组织发布的报告，按照官方发展援助占国民总收入的比例排名，阿联酋在 2013~2020 年一直位列全球前十，其中有四次位居榜首，是全球唯一一个在此期间四次位居第一的国家。此外，如图 2 所示，阿联酋在 2013~2018 年连续六年超额完成了联合国对发达国家提出的官方发展援助占国民总收入 0.7% 的目标，而在此期间全球仅有 6 个国家达到该目标。[②] 2019 年和 2020 年，阿联酋官方发展援助占国民总收入的比例有所下降，但仍大幅超过经合组织发援会成员的平均水平。

---

① MOFAIC, *United Arab Emirates Foreign Aid 2020,* Abu Dhabi: Ministry of Foreign Affairs and International Cooperation, 2021, p.7.

② MOFAIC, *United Arab Emirates Foreign Aid 2019,* Abu Dhabi: Ministry of Foreign Affairs and International Cooperation, 2020, p.16.

图2　2009~2020年官方发展援助占国民总收入的比例：阿联酋与经合组织发援会成员平均值对比

资料来源：笔者根据经济合作与发展组织官网数据整理制作，https://data.oecd.org/oda/net-oda.htm#indicator-chart。

2. 援助渠道

从援助渠道来看，阿联酋对外援助一直以双边援助为主。2020年，阿联酋94.1%的对外援助通过双边渠道发放，剩余5.9%的对外援助通过多边渠道发放。双边渠道主要包括政府间双边援助、对具体项目的援助（即援助项目直接由援助国或承包商实施）、对受援国民间组织的援助三种形式，2020年这三种形式占阿联酋对外援助的比重分别为57.7%、25.9%和7.4%，合计达到援助总额的91%。①

多边渠道主要包括地区性多边组织和国际多边组织。就地区性多边组织而言，阿联酋参与了阿拉伯经济和社会发展基金、伊斯兰开发银行、欧佩克国际发展基金、阿拉伯货币基金组织和阿拉伯非洲经济发展银行等的援助活动。就国际多边组织而言，阿联酋积极参与了世界卫生组织、联合国教科文组织、联合国儿童基金会、联合国难民署、国际红十字会、联合国开发计划署等组织的援助项目。2020年，全球教育伙伴关系（Global Partnership for Education, GPE）、世界卫生组织、联合国教科文组织、世界粮食计划署和女企业家融资倡议

---

① MOFAIC, *United Arab Emirates Foreign Aid 2020,* Abu Dhabi: Ministry of Foreign Affairs and International Cooperation, 2021, p.21.

（Women Entrepreneurs Finance Initiative, We-Fi）为接受阿联酋援助款最多的前五大国际组织，占阿联酋当年对多边组织援助款总额的 68.4%。[1]

3. 地理分布

从地理分布来看，阿联酋对外援助目前已覆盖全球 170 多个国家，其中西亚和非洲为重点区域。2013 年阿联酋向非洲提供了 49.3 亿美元的援助款，是 2012 年的 14 倍，自此非洲超过亚洲成为阿联酋的第一大受援地区。[2] 2020 年，非洲仍为阿联酋对外援助的最大受援地区，占当年援助额的 47.2%，其次为亚洲，占比为 39.8%（见表 2）。2020 年接受阿联酋援助款最多的五个国家依次为苏丹（9.9 亿美元）、约旦（9820 万美元）、也门（5950 万美元）、埃及（5930 万美元）、巴基斯坦（5230 万美元），其中苏丹受援助额占阿联酋当年对外援助金额的 35.5%。

表 2   2020 年阿联酋对外援助地区分布

单位：百万美元，%

流向区域	援助金额	占比
非洲	1309.5	47.2
亚洲	1103	39.8
跨地区的全球项目	187.2	6.8
欧洲	87.3	3.1
美洲	79.9	2.9
大洋洲	6.5	0.2

资料来源：阿联酋外交与国际合作部：《2020 年对外援助报告》，https://www.mofaic.gov.ae/en/the-ministry/uae-international-development-cooperation/annual-foreign-aid-report。

4. 资金类型

阿联酋对外援助的资金类型主要有无偿赠款和优惠贷款两种。长期来看，阿联酋对外援助的资金类型以无偿赠款为主，但近年来优惠贷款所占的比例有所提升。2020 年阿联酋对外援助中无偿赠款所占的比重为 84.5%，

---

① MOFAIC, *United Arab Emirates Foreign Aid 2020*, Abu Dhabi: Ministry of Foreign Affairs and International Cooperation, 2021, p.21.
② 姚帅：《阿联酋的对外援助：现状、特点与趋势》，《国际经济合作》2018 年第 7 期，第 59 页。

较前一年有大幅上涨，优惠贷款所占的比重则下降为 15.5%，[①] 这主要是由于在新冠疫情背景下，阿联酋大幅增加了赠款形式的人道主义援助。

5. 援助领域

按照大的类型划分，阿联酋对外援助可分为发展援助、人道主义援助和慈善援助三类，其中发展援助的规模最大。2020 年，这三类援助在阿联酋对外援助中的占比分别为 77.9%、19.5% 和 2.6%。[②]

阿联酋对外援助领域还可以进一步细分为预算支持、卫生、社会服务、运输仓储、教育、银行金融服务、农业、能源、电力等类别。预算支持（general budget support）是非指定用途的援助，由受援国政府根据自身发展规划自行分配。近年来，预算支持在阿联酋对外援助中所占比重有所提高，2020 年预算支持占阿联酋对外援助总额的 50.2%。在预算支持之外，卫生、社会服务、运输仓储和教育是阿联酋对外援助的主要领域（见表 3）。受新冠疫情的影响，卫生领域成为 2020 年阿联酋对外援助的重点领域，占比从 2019 年的 3.3% 急剧升至 2020 年的 17.6%。[③]

表 3 2020 年阿联酋对外援助主要领域分布

单位：百万美元，%

援助领域	援助金额	占比
预算支持	1400	50.2
卫生	491.1	17.6
社会服务	240.2	8.6
运输仓储	198.3	7.1
教育	113.6	4.1

资料来源：阿联酋外交与国际合作部：《2020 年对外援助报告》，https://www.mofaic.gov.ae/en/the-ministry/uae-international-development-cooperation/annual-foreign-aid-report。

[①] MOFAIC, *United Arab Emirates Foreign Aid 2020,* Abu Dhabi: Ministry of Foreign Affairs and International Cooperation, 2021, p.15.

[②] MOFAIC, *United Arab Emirates Foreign Aid 2020*, Abu Dhabi: Ministry of Foreign Affairs and International Cooperation, 2021, p.14.

[③] MOFAIC, *United Arab Emirates Foreign Aid 2020*, Abu Dhabi: Ministry of Foreign Affairs and International Cooperation, 2021, p.17.

三　阿联酋对外援助的动因

国家对外援助的动因和目的与政治、经济、外交、安全、宗教、人道主义等多重因素有关。总体而言，学界将对外援助的动因分为利益与观念两大类别。前者包括国家的政治、外交、安全及经济利益，后者包括规范、观念、身份认同和价值观在内的一切文化因素。^①

具体到阿联酋，一些学者将其对外援助的核心动因解释为"阿拉伯团结"与伊斯兰教两大因素，强调从观念和文化因素出发理解阿联酋的对外援助政策。^② 这一解释有其合理性。通过分析阿联酋历年的对外援助数据可以发现，阿联酋的对外援助绝大多数流向了阿拉伯国家和其他地区的伊斯兰国家，这与阿联酋作为阿拉伯国家和伊斯兰国家的身份属性密切相关。

身份认同与文化因素影响着阿联酋援助资金的分配与流向。一方面，对阿拉伯民族的身份认同和泛阿拉伯主义思想的影响促使阿联酋进行对外援助时优先考虑阿拉伯国家。20 世纪初，阿拉伯世界兴起了泛阿拉伯主义思潮，强调阿拉伯世界享有共同的语言、文化与历史，旨在实现阿拉伯世界的政治统一。随着阿拉伯各国陆续独立并巩固政权，泛阿拉伯主义谋求政治统一的目标逐渐淡化，其重点转向宣扬阿拉伯团结、支持阿拉伯国家的政治经济等方面的合作。阿联酋独立初期正值阿拉伯民族主义高涨之时，因此阿联酋也不可避免地受到这一思潮的影响，并在对外援助上有所体现。在巴以问题上，为了支持阿拉伯国家对抗以色列，阿联酋向巴解组织和埃及、叙利亚、约旦等与以色列接壤或交战的"前线国家"提供了巨额援助。另一方面，宗教因素也在阿联酋对外援助中发挥了作用。伊斯兰教主张富

---

① Khalid S. Almezaini, *The UAE and Foreign Policy: Foreign Aid, Identities and Interests,* New York: Routledge, 2012, p.14.

② 持这一观点的研究成果包括：喻珍：《国际援助中的海湾援助国》，《国际援助》2015 年第 1 期；Khalid S. Almezaini, *The UAE and Foreign Policy: Foreign Aid, Identities and Interests,* New York: Routledge, 2012; Awni Al-Ani, "OPEC Aid to Developing Countries," in Mohamed Khaldi, et al., ed., *The Role of the Arab Development Funds in the World Economy*, London: Palgrave Macmillan, 1984; Eric Neumayer, "What Factors Determine the Allocation of Aid by Arab Countries and Multilateral Agencies?" *The Journal of Development Studies,* Vol. 39, 2009; Eric Neumayer, "Arab-Related Bilateral and Multilateral Sources of Development Finance: Issues, Trends, and the Way Forward," *The World Economy,* Vol. 27, 2004; Espen Villanger, "Arab Foreign Aid: Disbursement Patterns, Aid Policies and Motives," *CMI Report*, 2007.

人应该对穷人施以救济，并把缴纳"天课"规定为穆斯林必修的"五功"之一。基于这一宗教传统，阿联酋向伊斯兰国家提供了大量援助，以履行伊斯兰教慈善义务，加强伊斯兰团结。

泛阿拉伯主义与伊斯兰教因素一定程度上解释了阿联酋为何以阿拉伯国家及其他地区的伊斯兰国家为主要援助对象，但阿联酋的援助资金在阿拉伯国家和伊斯兰国家内部的分配并不均衡，这一观点无法解释阿联酋对具体受援国的偏好。[①] 本文认为，对外援助在本质上是国家对外政策的重要组成部分和维护国家利益的重要工具。长期来看，维护国家的政治、外交和安全利益一直是阿联酋对外援助的核心动因；尽管观念和文化因素一度在阿联酋的对外援助政策中发挥重要作用，但进入 21 世纪后，身份和观念因素的影响越来越小，对外援助政策以安全考量和政治利益为导向。

在 20 世纪 70 年代独立初期，阿联酋面临严峻的国内外安全形势。在地区层面，阿联酋与两个地区大国伊朗、沙特阿拉伯因领土纠纷而关系紧张。在 1971 年 11 月阿联酋正式独立前夕，伊朗出兵占领了两国间的三个争议岛屿——阿布穆萨岛、大通布岛和小通布岛，导致两国关系急剧恶化。与此同时，阿联酋与沙特阿拉伯关于两国交界处乌代德湾沿岸的领土归属存在纠纷。在国内层面，由于阿联酋是由 7 个酋长国组成的联邦制国家，各酋长国高度自治，实行独立的政治、经济乃至外交政策，因此新生的联邦政府在内政外交上处境窘迫。面对严峻的国内外形势，阿联酋的首要关注是确保国家安全与政权稳固。在这一时期，国家安全是阿联酋对外政策的首要考量，与此同时，泛阿拉伯主义因素也在其中发挥着重要作用，二者交织在一起成为阿联酋对外援助的主要动因。阿联酋积极对阿拉伯国家，尤其是"前线国家"进行援助活动，有助于实现两大安全目标。首先，通过提供援助，阿联酋树立了一个负责任的阿拉伯国家的形象，有助于新生的阿联酋获得其他阿拉伯国家的承认和支持，从而间接巩固了国家安全与独立。其次，向其他国家提供援助，有助于激发阿联酋公民对国家的自豪感和认同感，增强国家凝聚力，从而巩固联邦制与政权稳定。

在开国总统扎耶德执政期间，阿联酋总体上奉行低调稳健、以阿拉伯

---

① 张帆：《海湾君主国对中东国家对外援助动因的发展变化》，《西亚非洲》2016 年第 1 期，第 149 页。

世界为中心的外交政策，在维护国家利益的同时注重维护阿拉伯团结。1990年海湾战争成为阿联酋对外政策的一个转折点，此后阿联酋开始与美国建立紧密盟友关系。2004 年扎耶德总统去世后，在新任领导人哈利法总统和阿布扎比王储穆罕默德·本·扎耶德的领导下，阿联酋进一步加强与西方国家的关系，并开始在地区和国际上执行更为自信、积极、果断的外交政策，致力于提升地区影响力和国际地位。在此背景下，阿联酋对外援助的动因也发生了较大转变，身份和观念因素的影响越来越小，基本以安全考量和政治利益为导向。

2011 年"阿拉伯之春"爆发以来，中东地区的地缘战略竞争进一步激化。阿联酋奉行积极进取的外交政策，抗衡以伊朗为核心的什叶派阵营和以土耳其、卡塔尔为核心的亲穆兄会阵营。阿联酋积极利用对外援助这一政策工具，结合外交和军事手段，致力于维持本国政权稳定、防止革命扩散、扩大地区影响力和塑造符合自身利益的地区格局。在此过程中，阿联酋对外援助进一步以安全战略考量和政治利益为驱动，呈现日益"政治化"（politicization）和"安全化"（securitization）的特点。[①]2013 年以来，阿联酋对外援助规模急剧扩大（见图 1），其援助资金主要流向埃及、也门、苏丹、约旦、摩洛哥、巴林等国。

随着"阿拉伯之春"爆发以来穆兄会在埃及等国的崛起，阿联酋意识到以穆兄会为代表的现代伊斯兰主义力量所主张的理念和道路对自身君主制政权构成了重大威胁。穆尔西政府治下的埃及在意识形态、国家发展模式和地缘政治等方面都对阿联酋构成了严峻挑战。穆尔西政权下台后，阿联酋在 2013 年累计向埃及新政府提供了 46.3 亿美元的援助款，占阿联酋当年对外援助总额的 79%，埃及成为阿联酋的最大受援国。对埃及的巨额援助也使阿联酋 2013 年对外援助规模大幅增加，为前一年的 3.7 倍。[②]2014年和 2015 年，埃及分别获得阿联酋 31.96 亿美元和 63.39 亿美元的援助款，

---

① Khaled Salem Al-Mezaini, "From Identities to Politics: UAE Foreign Aid," in Isaline Bergamaschi, et al., ed., *South-South Cooperation Beyond the Myths: Rising Donors, New Aid Practices?*, London: Palgrave Macmillan, 2017, p.226.

② MICAD, *United Arab Emirates Foreign Aid 2013,* Abu Dhabi: UAE Ministry of International Cooperation and Development, 2014, p.14；MICAD, *United Arab Emirates Foreign Aid 2012,* Abu Dhabi: UAE Ministry of International Cooperation and Development, 2013, p.11.

保持着阿联酋对外援助最大受援国的地位。[①]

从援助资金的类型来看，"阿拉伯之春"爆发以来，预算支持在阿联酋对外援助中所占的比重较以往有明显提高。以埃及为例，2013年阿联酋向埃及提供了46.3亿美元援助款，其中包括30亿美元的一般预算支持（即阿布扎比财政部向埃及央行提供的20亿美元贷款和10亿美元赠款）、9.57亿美元的部门预算支持、[②]用于住房建设的5.03亿美元赠款等，预算支持占比高达85%。[③]这一变化趋势体现出阿联酋通过对外援助手段稳固受援国政权、扩大地区影响力、塑造地区格局的战略意图。

随着埃及局势稳定，阿联酋对外政策和对外援助的重心逐渐转移到也门。2015年3月，阿联酋与沙特阿拉伯等国发动"果断风暴"军事行动，同时打击"改革集团"等伊斯兰主义组织和胡塞武装。与军事干预手段相结合，阿联酋向也门提供了大量人道主义援助和发展援助，旨在巩固领土稳定，以及在对阿联酋而言有经济利益和战略投资价值的地区加强基础设施建设。2015~2020年，阿联酋向也门提供的援助款累计超过60亿美元。[④]

在苏丹，2019年4月巴希尔总统下台后，苏丹成立过渡军事委员会执掌国家事务，阿联酋与之建立了密切的联系。2019年，苏丹获得阿联酋5.43亿美元的援助款，成为当年阿联酋的第三大受援国。[⑤]2020年，苏丹获得阿联酋9.9亿美元的援助款，超过阿联酋当年对外援助总额的1/3，成为阿联酋的最大受援国。

除了政权发生更迭的国家，阿联酋也向约旦、摩洛哥、阿曼等君主制国家提供了大量援助，帮助其缓解经济困难、稳定社会秩序、防范动乱发

[①] Adam Krzymowski, "Role and Significance of the United Arab Emirates Foreign Aid for Its Soft Power Strategy and Sustainable Development Goals," *Social Sciences,* Vol. 11, 2022, p.12.

[②] 预算支持主要包括一般预算支持（general budget support）和部门预算支持（sector budget support）两种类型。一般预算支持是对政府预算的非指定用途援助，包括支持实施宏观经济改革（结构调整计划、减贫战略）的资金。部门预算支持与一般预算支持一样，是对受援国政府预算的非指定用途援助，但部门预算支持强调受援国与援助方之间的对话应侧重于某一单一部门，而非总体预算政策。

[③] Logan Cochrane, "The United Arab Emirates as a Global Donor: What a Decade of Foreign Aid Data Transparency Reveals," *Development Studies Research,* Vol. 8, 2021, p.56.

[④] UAE Ministry of International Cooperation and Development, "AED 22 bn in Assistance Provided by UAE to Yemen from April 2015 through 2020," February 10, 2020, https://www.mofaic.gov.ae/en/mediahub/news/2020/2/10/10–02–2020–uae–yemen, accessed :2022-07-03.

[⑤] MOFAIC, *United Arab Emirates Foreign Aid 2019,* Abu Dhabi: UAE Ministry of International Cooperation and Development, 2020, p.28.

生。2011 年 3 月，海合会向阿曼的发展项目拨款 100 亿美元；2011 年 12 月，海合会向摩洛哥和约旦各提供 50 亿美元的发展援助，阿联酋对两国分别出资 12.5 亿美元。^①

2011 年"阿拉伯之春"爆发以来，随着地区地缘战略竞争的进一步激化和阿联酋外交政策的调整，阿联酋的对外援助进一步以安全战略考量和政治利益为驱动，成为其维持自身政权稳定、防范革命蔓延、参与地区地缘战略竞争和塑造地区秩序的重要工具。在此背景下，阿联酋对外援助呈现一些新特点：从援助规模来看，2013 年以来，阿联酋对外援助规模急剧扩大并长期维持在高位；从援助类型来看，预算支持在援助中所占比重明显提高，体现出阿联酋通过对外援助手段稳固受援国政权的战略意图；从地理分布来看，其援助资金主要流向埃及、也门、苏丹、约旦、摩洛哥等国。在政治体制基本照常运转、社会秩序尚未崩溃的国家，如埃及、苏丹、约旦、摩洛哥等，阿联酋的干预方式以对外援助和外交手段为主；而在政治体制崩溃、社会动荡持续的国家，如也门、利比亚等，阿联酋的对外援助经常与军事干预手段相结合。

四　结语

经过半个多世纪的援助实践，阿联酋逐渐建立起较为完善的对外援助机制，积极融入国际援助体系，并在对外援助的规模、比例、渠道、地理分布、资金使用方式和侧重领域等方面形成了自身的鲜明特点。尤其在近 10 年间，由于援助规模和力度大、援助范围广，阿联酋已日益崛起为国际援助体系中的重要力量。阿联酋的对外援助无论从总量还是占国民总收入的比重来看都是巨大的，超过了大多数经合组织成员。

对外援助在本质上是国家对外政策的重要组成部分和维护国家利益的工具。长期来看，维护国家的政治、外交和安全利益一直是阿联酋对外援助的核心动因；尽管观念和文化因素一度在阿联酋的对外援助政策中发挥重要作用，但进入 21 世纪后，身份和观念因素的影响越来越小，对外援助

---

① Sally Khalifa Isaac, "Explaining the Patterns of the Gulf Monarchies' Assistance after the Arab Uprisings," *Mediterranean Politics*, Vol.19, No.3, 2014, p.424.

政策以安全考量和政治利益为导向。

2011 年"阿拉伯之春"爆发以来，中东地区的地缘战略竞争进一步激化。阿联酋奉行积极进取的外交政策。在此过程中，阿联酋的对外援助进一步以政治和安全利益为驱动，成为其维持自身政权稳定、防范革命蔓延、参与地区地缘战略竞争和塑造地区秩序的重要工具。

2020 年以来，阿联酋对外援助规模大幅减少。一方面，2020 年新冠疫情对全球能源需求造成剧烈冲击，导致国际油价剧烈震荡，在上半年持续走低，原油期货价格甚至一度跌为负值。受国际油价持续下跌和新冠疫情的双重影响，阿联酋政府财政收入受到严重冲击，进而影响其对外援助的规模和力度。另一方面，中东地缘战略竞争陷入僵局和阿联酋对外政策的转向也是其对外援助规模缩减的重要原因。经过 2011 年"阿拉伯之春"爆发以来的十年博弈，中东地区地缘战略竞争陷入僵局，各方力量平衡难以打破。这种僵局推动中东地区的冲突降级，地区大国之间从对抗转向接触、对话甚至和解。近年来，阿联酋的对外政策趋于务实缓和，2019 年阿联酋大规模从也门撤军；在 2020 年利比亚内战陷入僵局后，阿联酋务实地改变干预方式，从军事手段转向政治和外交手段；2021 年阿布扎比王储穆罕默德·本·扎耶德访问土耳其，实现两国关系解冻。作为服务于国家利益的政策性工具，阿联酋对外援助与对外政策存在一致性，2020 年以来阿联酋对外援助规模的减少即为其对外政策转向的一大体现。

国际难民机制复合体与叙利亚危机前后黎巴嫩的难民政策

张博桢[*]

【内容提要】随着全球治理不同领域的相互重叠，以《关于难民地位的公约》与联合国难民署为中心的传统国际难民机制正朝着"国际难民机制复合体"的方向发展转变。黎巴嫩虽然作为重要的难民抵达国和中转国，但受教派政治等因素影响，其难民政策长期脱离传统国际难民机制，而叙利亚危机也使其政策与传统国际难民机制愈发疏远。不过，在"国际难民机制复合体"框架下，黎巴嫩与其他涉难民国际机制和行为体互动，间接承担难民保护工作。本文将在简要介绍"国际难民机制复合体"的基础上考察黎巴嫩在应对难民问题时的政策考量与实践，具体分析叙利亚危机前后黎巴嫩与传统国际难民机制和国际难民机制复合体之间的不同关系及其原因，并为国际难民治理的有关研究提供一个重要的国家案例。

【关键词】机制复合体　国际难民机制复合体　难民治理　黎巴嫩政治叙利亚危机

＊　张博桢，英国牛津大学国际关系学硕士，现以自由职业者身份在国际组织从事与移民和恐怖主义预防等议题相关的研究工作。

一 国际难民机制复合体

世界难民问题作为困扰国际社会的一大难题由来已久，但实际上，20世纪前并不存在对难民的系统性定义和国际保护。二战所引发的难民危机和战后联合国的诞生催生了联合国难民署（UNHCR）的成立（1950年）和《关于难民地位的公约》（以下简称《难民公约》）的签署与通过（1951年），两者分别作为世界上专门负责难民保护的政府间国际组织和第一个涉及难民定义与权利的普遍性国际公约，被看作"传统国际难民机制"的两大支柱。然而，随着难民问题的复杂化，难民问题与诸如环境、安全、发展等其他全球治理领域的关系日益紧密，这使得传统国际难民机制逐渐向"国际难民机制复合体"转变。

具体而言，伴随着全球化和国际合作的加强，不少全球治理领域出现了"机构激增"（institutional proliferation）现象，该现象及其产生的影响催生了国际公共政策领域的"机制复合体"（regime complex）理论。机制复合体主要指"两个或更多机构（机制）所涉及的议题领域发生重叠"，而当一个给定的议题领域内存在不同的机构同时参与治理时，不同机构的作用和领导力会产生互补或竞争关系。[1] 换言之，机制复合体也可以理解为"多元行为体和多维治理机制同时参与某一议题领域的治理"，或"制度碎片化格局下多利益攸关方参与全球治理的现象"。[2]

在难民治理方面，一些平行机制也与传统国际难民机制发生重叠。这些机制有些本身与"人口流动"相关，但有些也与其无关。部分机制的出现和重叠对传统国际难民机制的基本规范进行了补充和强化。例如，在人权领域，一些国际人权法提供了难民保护的最初法律根源，而在《欧洲人权公约》中，"不驱回"原则[3] 也在第3条中被强化。联合国难民署因此也常常援引重要的人权宣言，把"不驱回"原则上升到国际习惯法的高度，

---

[1]　Karen J. Alter & Sophie Meunier, "The Politics of International Regime Complexity," *Perspectives on Politics*, Vol.7,No.1, 2009,pp.13–24.

[2]　Karen J. Alter & Sophie Meunier, "The Politics of International Regime Complexity," *Perspectives on Politics*, Vol.7,No.1, 2009,pp.13–24.

[3]　"不驱回"原则为国际难民法基本原则，指任何国家不得以任何方式将境内难民驱逐或送回其生命或自由因其种族、宗教、参加某一社团或具有某种政治见解等原因而受到威胁的领土边界内。

规范国际难民保护工作。在国际安全领域，2005 年成立的联合国建设和平委员会通过创造难民可以自愿回国的安全条件，对传统国际难民机制进行补充。除此之外，国际移民组织（IOM）和国际劳工组织（ILO）主导的劳动移民机制也试图将具有劳动能力的难民与劳动力资源相对匮乏的国家匹配起来，同时帮助他们在当地社会安置和融合。

与此同时，不少机制在与难民机制重叠的过程中也对后者带来较为复杂甚至消极的影响。例如，从 20 世纪 90 年代开始，针对国内流离失所者（interally displaced persons，IDP，指被迫逃离家园但仍留在其祖国境内的人）的保护逐渐受到国际社会重视，一个潜在的国内流离失所者保护机制的出现可以对难民机制进行补充，对那些被置于《难民公约》定义外的国内流离失所者进行有效保护。[①] 不过，这样一个国内流离失所者保护机制也可能被滥用，例如近些年瑞典、英国等发达国家曾多次使用"国内移动替代选择"（internal flight alternative）这一术语，认为难民出发国存在相应的国内流离失所者保护机制，声称部分难民根本没有必要离开本国或者完全可以返回本国，从而拒绝为难民提供庇护。

亚历山大·贝茨（Alexander Betts）在《难民机制复合体》（The Refugee Regime Complex）一文中着重介绍了全球旅行机制（travel regime）、发展机制（development regime）和难民机制（refugee regime）的重叠及其对难民保护工作带来的潜在影响。在大概一个世纪之前，关于护照、签证等问题的国际标准通过条约被确立，成为国际习惯法。在过去很长一段时间内，全球旅行机制的发展（如免签政策、快速出入境技术的普及等）旨在使更大规模的国际跨境移动便利化。然而，在过去 20 年间，随着非法移民和跨国犯罪的增多，全球旅行机制逐渐与"安全化"挂钩，许多国家逐渐收缩其旅行政策，采取制裁搭载非法移民的航空公司、使用生物识别护照等手段来限制人员入境。在这一背景下，旅行机制与难民机制的重叠主要聚焦在"自发到达的庇护"（spontaneous arrival asylum）这一方面：在不少发达国家，难民原先寻求保护的方式为直接自发抵达某一国家的边境口岸，然后向边检人员提出庇护申请，或者在合法进入某国后向联合国难民署等机

---

① Roberta Cohen, "Developing an International System for Internally Displaced Persons," *International Studies Perspectives*, Vol.7, No.2, 2006, pp. 87–102.

构提交庇护申请。① 然而，为了减轻入境负担和降低"安全隐患"，许多发达国家收紧了移民与庇护政策，与航空公司合作，禁止签证异常人士乘机前往该国，这使得不少难民根本没有资格登机，或者在抵达一些发达国家后因签证种类不符合入境目的而被遣返回国。旅行机制和难民机制的重叠以及发达国家加强边境管控的举措导致不少难民滞留难民中转国，使得国际难民保护的责任分配愈加不均，让不少作为难民中转国的发展中国家承担过大压力。贝茨认为，这一现象也可能促进"旅行（安全）–发展–难民机制复合体"的形成，使得发达国家和发展中国家在难民保护方面达成某种妥协，将发达国家的"安全利益"和发展中国家的"发展利益"连接起来。具体而言，发达国家可以借助国际发展机制下的发展资金和发展项目，承诺向难民中转国提供人道主义援助和经济发展援助以提高后者的危机应对能力，换取难民中转国对难民的中长期接纳以减少继续前往发达国家的难民数量，合作创造条件促进难民回归本国，实现"共同但有区别的责任"。②

总而言之，尽管《难民公约》和联合国难民署仍然可以被看作传统国际难民机制的两大支柱，但随着难民问题的复杂化，一个"国际难民机制复合体"也在逐渐形成。

二　叙利亚危机前后黎巴嫩与传统国际难民机制的关系

作为重要的难民抵达国和中转国，黎巴嫩至今仍未签署 1951 年《难民公约》，除此之外，黎巴嫩与联合国难民署也处于一种若即若离的复杂关系，前者既依赖于后者，又不想让渡过多权力。叙利亚内战的爆发和难民的涌入激化了黎巴嫩的社会和政治矛盾，受此影响，黎巴嫩在叙利亚危机期间采取的难民应对措施进一步表现出黎政府对于受制于《难民公约》处理难民问题的排斥，也一定程度上损害了与联合国难民署的关系。

---

① Alexander Betts, "The Refugee Regime Complex," *Refugee Survey Quarterly*, Vol. 29, No. 1, 2010, pp.12–37.

② Alexander Betts, "The Refugee Regime Complex," *Refugee Survey Quarterly*, Vol. 29, No. 1, 2010, pp.12–37.

1. 叙利亚危机前黎巴嫩与传统国际难民机制的关系

作为拥有重要地理位置以及相比于其他中东国家更加开放自由氛围的人权运动倡导者，黎巴嫩在历史上一直吸引着不少难民前往寻求庇护。不过，如今黎巴嫩境内的难民数量已经远远超出了其国家能力可以承受的范围。据 2021 年数据统计，在叙利亚危机爆发 10 周年之际，人口仅 600 多万的黎巴嫩境内居住有 100 余万名在联合国难民署登记的叙利亚难民（难民实际人数超过 150 万人）和 50 余万名在联合国近东巴勒斯坦难民救济和工程处（UNRWA）登记的巴勒斯坦难民，这使得黎成为世界上难民人口比例最高的国家。[①] 然而，即便黎巴嫩境内有很多难民，黎政府从未声称黎巴嫩是一个"庇护国家"（country of asylum），也坚决反对难民在当地融合。

实际上，和大多数中东国家不同，黎巴嫩原本在国际难民法的起草和国际难民机制的建立过程中扮演着重要角色。1946 年 2 月，作为联合国大会任命的 20 个国家之一，黎巴嫩与其他 19 国一道组成特别委员会，商讨国际难民组织的成立问题。同年 12 月，联合国大会通过了黎巴嫩参与起草的《国际难民组织章程》。在此之后，黎巴嫩于 1949 年参与创立联合国难民署，当时的会议记录显示，黎巴嫩代表积极参与讨论，尤其强调国际社会需要确定一个更为广泛的难民定义。[②] 除此之外，黎巴嫩在 1950 年前后还积极参与了《难民公约》和《联合国难民署章程》的起草，认为联合国经社理事会建议采取的难民定义过于狭窄，在时间和空间上限制了很大一部分需要保护的难民。[③]

1951 年 7 月，联合国在日内瓦召开全权代表会议讨论有关难民和无国籍人士地位的问题，与会代表全票通过了《难民公约》。不过，作为参与建立国际难民机制的重要国家，黎巴嫩缺席了这次重要会议，认为《难民公约》这一重要文件需要在联合国大会投票通过，而不仅仅是一次全权代表会议。因此，黎巴嫩由于缺席会议和对部分条款存在异议等原因在一开始就没有签署《难民公约》。即便 1967 年通过的《关于难民地位的议定书》

---

① UNHCR, "Global Focus: Lebanon," https://reporting.unhcr.org/lebanon, accessed: 2021–03–29.

② UNGA, "Official Records of the Third Committee, Fourth Session, 265th Meeting, 18 November 1949".

③ UNGA, "Official Records of the Third Committee, Fifth Session, 328th Meeting, 27 November 1950".

取消了有关难民定义的空间和时间限制，黎巴嫩也没有选择签署。随着黎巴嫩成为日益重要的难民抵达国和中转国，国际社会要求黎巴嫩签署《难民公约》的呼声高涨，但黎巴嫩政府屡次拒绝，主要原因包括《黎巴嫩宪法》反对 tawteen（توطين，安置或归化外国人），[①] 黎政府不希望改变本国脆弱的教派人口分配，以及黎巴嫩不希望通过接纳难民间接表达对难民出发国的政治立场从而违背长期坚持的"睦邻友好"原则。[②]

相比于对《难民公约》的排斥，黎巴嫩与联合国难民署的关系更加复杂。如前所述，黎巴嫩积极参与了成立联合国难民署的筹备工作。尽管未签署《难民公约》，但在 1963 年，黎巴嫩还是正式成为联合国难民署执行委员会的成员，同年，联合国难民署在黎巴嫩设立办公室开展工作。在后来的黎巴嫩内战、以色列入侵等时期，联合国难民署在黎巴嫩政府无法有效运转的情况下几乎完全承担了难民甄别、登记以及难民教育、健康、食品援助等工作，为黎巴嫩政府减轻了负担。

不过，由于联合国难民署的工作在很大程度上围绕《难民公约》的基本条款展开，因此，在一个并未签署《难民公约》的国家展开工作会受到一定限制。在黎巴嫩，联合国难民署的工作更多采取了一种务实的态度，将工作重点聚焦在试图建立一个联合国难民署和黎政府都可接受的难民保护机制，同时缓慢推进黎政府签署《难民公约》。需要指出的是，最初联合国难民署在黎巴嫩设立办公室时并未与黎政府签署正式协议规范二者关系。1999 年，黎巴嫩拘捕和遣返了大量难民，这才促使联合国难民署开始与黎巴嫩政府谈判，商讨具体合作和难民保护事宜。[③] 直到 2003 年，联合国难民署和黎巴嫩安全总局才达成谅解备忘录，作为联合国难民署与黎政府之间的官方文件。不过，这份谅解备忘录存在很多问题：首先，它是联

---

① مجلس النواب اللبناني، الدستور اللبناني، الصادر في ٣٢ أيار سنة ٦٢٩١ مع جميع التعديلات، تمّ استرجاعه في مايو ١٢٠٢ على الرابط، https://www.un.int/lebanon/sites/www.un.int/files/Lebanon/the_lebanese_constitution_arabic_version.pdf；黎巴嫩议会：《黎巴嫩宪法》，1926 年 5 月 23 日（之后多次修订），联合国，https://www.un.int/lebanon/sites/www.un.int/files/Lebanon/the_lebanese_constitution_arabic_version.pdf，访问时间：2021 年 4 月 1 日。

② Refworld, "Declaration on the Protection of Refugees and Displaced Persons in the Arab World," https://www.refworld.org/docid/452675944.html, accessed: 2021-03-21.

③ Ghida Frangieh, "Relations Between UNHCR and Arab Governments: Memoranda of Understanding in Lebanon and Jordan," *LSE Middle East Centre Collected Papers*, Vol. 6, 2016, pp. 37–43.

合国难民署与黎巴嫩安全部门达成的协议，将黎巴嫩境内难民的地位预设为一个"安全威胁"，并把黎巴嫩拒绝成为一个难民接收国的立场"合法化"，用以指导和限制联合国难民署的工作；其次，谅解备忘录具有不少结构上的缺陷，如它并没有提及一些重要的难民保护原则，例如"不驱回"原则。

在达成谅解备忘录后，联合国难民署逐渐意识到了其中的问题，同时，在执行过程中，联合国难民署与黎巴嫩政府对备忘录中不少条款的解释存在较大分歧，两者按照不同的标准办事，因此谅解备忘录在达成后不久就实际宣告失效。在此之后，联合国难民署多次尝试寻求新的方式重新规范与黎政府的合作关系，例如在 2011 年，联合国难民署起草了一份新的谅解备忘录并提交黎政府进行审议。这份新备忘录试图填补 2003 年备忘录中的漏洞，提及了"不驱回"原则、难民地位甄别与难民登记等事项，不过黎政府对此坚决驳回，认为新备忘录变相要求其服从 1951 年《难民公约》，同时赋予了联合国难民署过多权力。[①] 随着叙利亚危机的爆发，二者试图达成新合作协议的讨论计划不得不搁浅。截至目前，[②] 联合国难民署在黎巴嫩的法律地位还是悬而未决，这不仅要求联合国难民署继续采取更加务实的工作态度，也意味着联合国难民署的工作很容易受到黎政府的进一步干涉。

因此，虽然与传统国际难民机制的建立具有历史渊源，但黎巴嫩与传统国际难民机制的现有关系并不紧密，这体现在它对《难民公约》的坚决否定上，也体现在它对联合国难民署既依靠又限制的复杂关系上。

2. 叙利亚危机后黎巴嫩与传统国际难民机制的关系

在叙利亚危机爆发伊始，有预计表明大量叙利亚难民的涌入会使黎政府更加依赖联合国难民署，甚至会对《难民公约》做出妥协。然而，叙利亚难民在黎巴嫩的存在激化了黎巴嫩国内原有的社会和政治矛盾，黎政府受政策瘫痪、民众反对、政治权力真空、国家主权危机等因素的影响，先后实行放任政策和严格限制政策，在 2014 年之后试图夺回难民问题应对的主导权，采

---

① Maja Janmyr, "UNHCR and the Syrian Refugee Response: Negotiating Status and Registration in Lebanon," *The International Journal of Human Rights*, Vol. 22, No. 3, 2018, p. 395.

② 本文原文写于 2021 年。

取了一系列单方面措施。这些措施进一步体现出黎官方对于传统国际难民机制的不服从，也在客观上损害了其与联合国难民署之间的关系。

首先，叙利亚内战的爆发和黎巴嫩面临的国内政治困境使得联合国难民署试图与黎巴嫩政府尽快达成新的谅解备忘录的愿望落空，联合国难民署和黎政府之间的正式关系继续受之前权力纠纷和职责理解差异的影响，被蒙上层层阴影。实际上，自叙利亚难民开始大量涌入黎巴嫩起，就算是在黎巴嫩早期的"开放国门"时期，即便黎政府和联合国难民署在难民保护方面开展了广泛合作，但两者之间的矛盾在难民定义、难民登记等方面清晰存在，且伴随黎政府的政策收紧而变得更加尖锐。

具体而言，联合国难民署在叙利亚难民身份认定方面采取了较为灵活的方式，只是把叙利亚公民跨境进入黎巴嫩的行为描述为"难民活动"，并没有以官方名义主动界定黎境内叙利亚公民的难民地位。① 不过在实际登记中，联合国难民署根据《难民公约》中的部分条款，给予叙利亚人"基于初步认定的难民地位"，在难民身份认定和难民登记过程中几乎对所有进入黎巴嫩寻求庇护的叙利亚公民开绿灯。② 相比之下，黎政府始终使用"流离失所者"（نازح）一词来指代叙利亚难民，只基于人道主义目的主动接收生活在战区且急需援助的脆弱人群，并从一开始就不认可联合国难民署的难民登记工作。2014 年，黎政府逐渐加大对联合国难民署工作的干涉，要求联合国难民署取消登记经常往返于两国边境的叙利亚难民，并在年底注销了超过 1.2 万名叙利亚人的难民身份。2015 年 5 月，在黎巴嫩登记的叙利亚难民人数达到 120 万人之多，黎社会事务部为此要求联合国难民署停止一切叙利亚难民的登记工作，这一措施使得黎政府与联合国难民署之间的关系降至冰点。

其次，黎巴嫩在早期应对叙利亚难民危机时表达的立场和采取的措施也与《难民公约》中的一些核心原则和部分条款并不一致。在解决难民问题的"可持续手段"方面，《难民公约》主张通过自愿返回、就地融合和第三国安置三种途径缓解难民危机。不过，黎政府在叙利亚危机爆发伊始就

---

① Refworld, "International Protection Considerations with Regard to People Fleeing the Syrian Arab Republic," http://www.refworld.org /docid/4fd60deb2.html, accessed: 2021–03–21.

② Maja Janmyr, "UNHCR and the Syrian Refugee Response: Negotiating Status and Registration in Lebanon," *The International Journal of Human Rights*, Vol. 22, No. 3, 2018, p. 406.

坚决反对联合国难民署和其他国际组织关于成立难民营暂时安置难民的提议，进一步表示黎巴嫩并非"庇护国"，也反对难民就地融合。不过，虽然黎巴嫩一直表示希望能够推动叙利亚难民回国，但主张在叙－黎边境叙利亚一侧建立"安全区"，并认为在条件允许时就可以把叙利亚难民送回安全区，实现叙利亚难民的"安全返回"。[①]至于"安全区"是否安全，各方（黎巴嫩、难民、国际社会）存在不同解释，并且这一主张也显然不符合《难民公约》中的"自愿返回"原则。在难民的人权保护方面，虽然黎官方在公开场合一直宣称尊重"不驱回"原则，承诺不主动将难民强制遣返回其仍然可能遭受迫害的地区，但黎巴嫩在 2014 年之后实行的新居留条例实际上使得大部分难民由于无法提供资金和相关文件自动沦为"非法居留者"，随时面临着被黎当局强制遣返的可能。

综上，受政治等多重因素影响，黎巴嫩对于传统国际难民机制存在异议。叙利亚难民危机并没有使黎巴嫩与传统国际难民机制两大支柱之间的关系获得好转，使其依赖或服从于既有难民机制处理难民问题。黎政府从本国的政治利益出发制定相关政策，试图将叙利亚难民应对的主动权掌握在自己手中，采取的措施损害了与联合国难民署的关系。

三　黎巴嫩与国际难民机制复合体：互动与实践

虽然黎巴嫩不愿服从于传统国际难民机制处理难民问题，但其与国际社会其他机制和行为体合作应对难民问题。具体而言，在叙利亚危机爆发前，黎巴嫩就与其他涉难民问题国际机制进行过互动。叙利亚危机爆发后，《欧盟－黎巴嫩协定》印证了黎巴嫩与欧盟在难民议题上的利益冲突和互补以及"旅行（安全）－发展－难民机制复合体"的客观性，而"黎巴嫩危机应对方案"也展现出黎巴嫩与不同涉难民议题机制和行为体的积极合作。

1. 叙利亚危机前黎巴嫩与《儿童权利公约》等涉难民机制的互动

虽然在联合国难民署面前，黎巴嫩在有关《难民公约》的签署与承诺

---

① Zeynep Şahin Mencutek, "From Inaction to Restrictions: Changes in Lebanon's Policy Responses to Syrian Mass Refugee Movement," *Global Cooperation Research Papers*, No. 19, 2017, p. 25.

问题上一直表现强硬，然而早在叙利亚危机爆发前，黎巴嫩就已经开始在国际难民机制复合体框架下与联合国难民署之外的其他机构进行对话与合作，间接承诺难民保护义务。

实际上，从20世纪末开始，不少联合国机构和委员会就认为，黎巴嫩作为一个重要的难民接收国，有必要在难民保护方面进一步做出官方的、法律上的承诺。在此期间，黎政府面临来自联合国消除种族歧视委员会（Committee on the Elimination of Racial Discrimination, CERD）,《消除对妇女一切形式歧视公约》（Convention on the Elimination of All Forms of Discrimination Against Women, CEDAW）委员会和《儿童权利公约》（Convention on the Rights of the Child, CRC）委员会的压力，其中，《儿童权利公约》委员会最早开始建议黎巴嫩签署《难民公约》。事实表明，相较在面对联合国难民署提出有关要求时所表现出的强硬态度，黎巴嫩在《儿童权利公约》等机制面前大多表现出合作配合的态度。

《儿童权利公约》委员会曾三次在其总结观察报告中提及对黎巴嫩签署《难民公约》的希望。1996年5月,《儿童权利公约》委员会的瑞典籍成员托马斯·汉马堡（Thomas Hammarberg）曾询问黎巴嫩代表"黎政府是否有意愿签署1951年《难民公约》与1967年《难民议定书》"，黎巴嫩代表表示会把瑞典籍成员所提问题的答案以书面形式提交委员会。① 《儿童权利公约》委员会在当时发表的总结观察报告中建议黎巴嫩签署《难民公约》，不过黎巴嫩在其于1997年12月提交委员会的第二次报告中回避了这个话题。《儿童权利公约》委员会在2002年发布的总结观察报告中再次重申了对黎巴嫩签署《难民公约》的希望。之后，黎巴嫩向《儿童权利公约》委员会提交了第三次报告，在本次报告中，黎巴嫩并没有回避有关难民保护义务的问题，反而强调黎巴嫩在2003年就已经与联合国难民署签订谅解备忘录加强合作，并且解释，受到国内政治局势的影响，黎巴嫩签署《难民公约》的工作会有所"延迟"。② 尽管黎巴嫩仍未对切实保障难民权利等责任做出承诺，但"延迟签署《难民公约》"的有关表述表明，在《儿童权利公约》委

---

① Maja Janmyr, "No Country of Asylum: 'Legitimizing' Lebanon's Rejection of the 1951 Refugee Convention," *The International Journal of Refugee Law*, Vol. 29, No. 3, 2017, p. 445.

② Maja Janmyr, "No Country of Asylum: 'Legitimizing' Lebanon's Rejection of the 1951 Refugee Convention," *The International Journal of Refugee Law*, Vol. 29, No. 3, 2017, p. 446.

员会的敦促之下，黎巴嫩签署《难民公约》问题并非处于完全停滞的状态。在 2006 年的黎巴嫩总结观察报告中，《儿童权利公约》委员会第三次重申："如果黎巴嫩不签署《难民公约》，我们有理由担心存在很多寻求庇护的儿童会因为非法入境和非法居留等问题遭受拘捕、罚款和遣返。"[①] 作为回应，在 2006 年的《儿童权利公约》委员会会议上，黎巴嫩代表表示，签署《难民公约》是黎政府重要考虑的一个问题，同时，他也分享了黎政府提出的加强难民保护的一系列方案。尽管这些方案随着 2006 年以黎冲突的爆发而搁浅，不过如前所述，黎巴嫩非常在意自身作为国际人权捍卫者的形象，而由于国际人权框架下的儿童保护机制与传统国际难民保护机制有责任重叠，黎巴嫩虽然并不完全同意国际难民法，但出于对儿童保护的重视，在一定程度上借助了《儿童权利公约》间接承诺部分难民保护义务，进一步完善国内的难民保护政策。在联合国消除种族歧视委员会、《消除对妇女一切形式歧视公约》等机制面前，黎巴嫩也曾进行过类似的积极互动。

除此之外，联合国难民署在黎巴嫩工作重心的转变也推动着黎巴嫩与其他机制积极互动。在 2007 年的《黎巴嫩行动计划》中，联合国难民署就曾表示："在黎巴嫩的当务之急应该是试图让受关注人群获得切实保护，而在提出具体的改进措施之前就强行推动黎巴嫩签署《难民公约》是很不合时宜的。"[②] 此后，联合国难民署积极鼓励黎巴嫩政府与联合国开发计划署（UNDP）、联合国儿童基金会（UNICEF）等机构互动，同时向黎巴嫩境内的非政府组织（NGO）提供援助，加强黎巴嫩与非政府组织等其他行为体在难民保护方面的合作。

2. 叙利亚危机下黎巴嫩与国际难民机制复合体的互动：两个案例

黎巴嫩与国际难民机制复合体的互动持续到叙利亚危机爆发后，其中与欧盟签署的《欧盟－黎巴嫩协定》以及与联合国难民署和联合国开发计划署共同主导的"黎巴嫩危机应对方案"是这一互动的两大突出案例。

---

① Maja Janmyr, "No Country of Asylum: 'Legitimizing' Lebanon's Rejection of the 1951 Refugee Convention," *The International Journal of Refugee Law*, Vol. 29, No. 3, 2017, pp. 445–447.

② UNHCR, "Country Operations Plan 2007: Lebanon," https://www.refworld.org/docid/45221e482. html, accessed: 2021–03–22.

案例一:《欧盟－黎巴嫩协定》

叙利亚难民危机不仅对包括黎巴嫩在内的叙利亚邻国造成了严重冲击,也对欧洲国家产生了深远影响。在此背景下,黎巴嫩与欧盟在难民问题上的利益冲突和互补可以进一步印证国际难民机制复合体理论框架下"旅行(安全)－发展－难民机制复合体"的客观性,而黎巴嫩选择与欧盟签署双边协议应对难民问题的行为也体现出黎巴嫩并未完全放弃难民治理的国际合作,只不过更希望在保持自身主动性的前提下在传统国际难民机制框架外进行有条件的双边合作。

叙利亚难民问题在欧洲国家引发的危机在 2015 年达到高潮,据统计,仅 2015 年一年,就有 130 万名以叙利亚难民为主的中东难民涌入欧洲。面对这一史无前例的难民危机,欧洲国家和欧盟领导人一时无法达成统一方案,只在 2015 年 5 月提出了由欧盟成员国分担难民安置的"配额方案",不过,这一方案遭到奥地利、匈牙利、斯洛伐克、爱沙尼亚等国的强烈反对,且并没有强制执行效力。不同国家在此之后仍然采取相对独立的难民应对策略,甚至重新巩固物理边界以防止难民涌入。这使得欧盟整体团结受损,而希腊、意大利等地中海国家也承担着过大压力。

在此背景下,欧盟决策层希望成员国在难民问题上保持团结,同时把难民群体视为潜在的安全威胁。受此影响,欧盟领导人同意,应该把"守护欧盟外部边界"作为第一要务,这样既可以搁置内部纷争,又可以保护欧洲安全。于是,欧盟开始寻求与第三国家签署双边协议,借助"外化政策"将大部分难民群体截留在土耳其、黎巴嫩、约旦等叙利亚邻国,以守护欧盟外部边界。欧盟利用"外化政策"和"旅行机制"限制难民入境的行为突出体现在欧盟与土耳其在 2015 年和 2016 年签署的《欧盟－土耳其共同行动计划》(EU-Turkey Joint Action Plan)和《欧盟－土耳其难民协定》(EU-Turkey Statement)上,其中后者规定:"从 2016 年 3 月 20 日开始,由土耳其出发前往希腊岛屿的非法移民都将会被遣返回土耳其。"[1] 在此协定生效后的前三年,由土耳其经海路前往希腊的难民人数下降了 97%,[2] 欧盟试图借助"旅行机制"保卫自身外部边界"安全"的行为似乎取得了很大成效,然而此举却导致难民保护和安置的责任在主要为发达国家的欧盟成员

①　European Commission, "EU-Turkey Statement," 18 March, 2016.
②　European Commission, "EU-Turkey Statement: Three Years on," March 2019.

国和土耳其、黎巴嫩、约旦等发展中国家之间分配不均匀，使前者的部分责任转移到后者。原本计划短暂在黎巴嫩停留后前往欧盟的叙利亚难民在得知自己不仅在海上面临海警追捕，还很可能在抵达欧盟后被强制遣返的前景之后，逐渐选择放弃前往欧洲寻求庇护，决定在黎巴嫩停留更长时间。欧盟此举不仅让黎巴嫩社会压力陡增，也与黎巴嫩拒绝成为"难民庇护国"和拒绝难民"就地安置"的基本利益产生冲突。

不过，欧盟与黎巴嫩在难民治理问题上的利益并非完全对立，"难民机制复合体"可以促进发达国家和发展中国家在难民保护方面达成一定妥协，将发达国家的"安全利益"和发展中国家的"发展利益"联系起来，实现"共同但有区别的责任"。[1] 实际上，自叙利亚危机爆发伊始，欧盟一直都是黎巴嫩应对难民危机的最大资助方之一。具体而言，在叙利亚危机爆发后的 10 年间，欧盟委员会至少向黎巴嫩提供了价值 5.5 亿欧元的援助，其中大约 2.7 亿欧元用于紧急人道主义援助。[2] 尽管一开始欧盟就被批评提供这些援助是为了转移自身的难民保护责任，不过，随着时间的推移，欧盟逐渐将其人道主义援助和发展援助描绘成可以使得难民群体和接收国本地居民都能受益的"构建适应力的范例"（resilience-building paradigm）。黎巴嫩政府也逐渐意识到试图把难民群体描绘成导致本国经济、社会危机的诱因并不能掩盖自身长期低下的执政能力，因此也就更清晰地认识到发展援助对于缓解本国经济危机以及进一步维持社会和政治稳定的重要意义。而为了继续获得欧盟提供的人道主义援助和发展援助，黎巴嫩在利益权衡之下愿意在短期内接纳部分难民，承担维护欧盟边界安全的部分责任。

在此背景下，在 2016 年召开的"支持叙利亚与周边地区伦敦会议"（London Conference for Supporting Syria and the Region）上，欧盟与黎巴嫩代表协商签署了《欧盟-黎巴嫩协定》（EU-Lebanon Compact），欧盟在该协定中承诺在就业、国家治理、安全、反恐等领域向黎巴嫩政府持续

---

[1] Alexander Betts, "The Refugee Regime Complex," *Refugee Survey Quarterly*, Vol. 29, No. 1, 2010, pp. 12–37.

[2] European Commission, "Managing the Refugee Crisis: EU Support to Lebanon and Jordan since the Onset of Syrian Crisis," https://ec.europa.eu/home–affairs/sites/default/files/what–we–do/policies/european–agenda–migration/background–information/docs/eu_support_to_lebanon_and_jordan_since_the_onset_of_syria_crisis_en.pdf, accessed: 2021–04–21.

提供资金援助，而黎巴嫩也表示会对叙利亚难民临时居留和工作权利提供相关便利。[①] 黎巴嫩与欧盟达成的协议可以被看作双方在国际难民机制复合体框架下实现的利益妥协，一方面，欧盟的资金援助与黎巴嫩的发展需求挂钩；另一方面，黎巴嫩对难民保护的承诺和难民居留的短期许可与欧盟的安全利益挂钩。在"旅行（安全）– 发展 – 难民机制复合体"之下，欧盟与黎巴嫩虽然都未实现各自利益的最大化，但在黎巴嫩看来，此举既未直接导致本国对难民安置做出确定的长期承诺，而欧盟的经济和发展援助也延缓了本国经济和社会崩溃，因此被其视为可以接受的难民应对方案。

案例二："黎巴嫩危机应对方案"

黎政府与联合国开发计划署和联合国难民署联合起草并实施的"黎巴嫩危机应对方案"（Lebanon Crisis Response Plan, LCRP）也体现出黎政府愿意在国际难民机制复合体框架下继续与其他涉难民机制开展合作的意愿。"黎巴嫩危机应对方案"是联合国开发计划署和联合国难民署主导的"区域难民与恢复计划"（Regional Refugee and Resilience Plan, 3RP）的一部分，该计划旨在为土耳其、黎巴嫩、约旦、伊拉克和埃及五大叙利亚难民接收国提供人道主义援助和发展援助。"黎巴嫩危机应对方案"作为"区域难民与恢复计划"的黎巴嫩一环，重点关注黎巴嫩境内叙利亚难民的生存状况和黎巴嫩当地脆弱人群的发展状况。虽然"黎巴嫩危机应对方案"最早在 2015~2016 年就已经开始执行，不过 2017~2020 年版本的"黎巴嫩危机应对方案"具有更为重要的意义，因为它体现了 2016 年"支持叙利亚与周边地区伦敦会议"的精神，将之前版本的不少领域进行了扩展，采取的措施也更为切实有效。新通过的"黎巴嫩危机应对方案"具有多元组织结构（见图 1），覆盖多个不同领域（人道主义援助、教育、食品、卫生等），且涉及黎政府、政府间国际组织、非政府间国际组织、跨国企业等多个国际行为体，可以被看作国际难民机制复合体框架下多行为体参与合作的生动体现。

[①] Tamirace Fakhoury, "Refugee Governance in Crisis: The Case of the EU–Lebanon Compact," *Migration Governance and Asylum Crisis (MAGYC)*, December 2020.

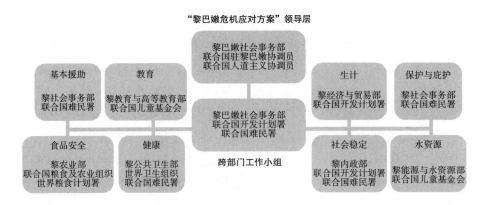

图 1 "黎巴嫩危机应对方案"（2017~2020 年）基本组织结构

资料来源：The Government of Lebanon and the United Nations, "Lebanon Crisis Response Plan: 2017-2020," January 2017。

　　"黎巴嫩危机应对方案"最为突出的特征是将发展机制与难民保护机制紧密联系，黎政府部门在每个领域都与不同的联合国机构挂钩并一同指导相关工作，这体现出黎政府希望发挥自身主动性、借助不同国际机制来促进本国发展，同时提供相应难民保护的积极态度。在具体领域，"黎巴嫩危机应对方案"尤其关注难民保护中的性别暴力（gender-based violence, GBV）、青少年教育与就业、环境、城市社区管理等问题。在具体执行方面，"黎巴嫩危机应对方案"提出了四大战略目标：确保脆弱人群受到保护；立即向脆弱人群提供援助；借助国家机构支持服务提供；提高黎巴嫩经济、社会和环境稳定性。[①] 其中，在这四大战略目标之下，黎政府在政策方面承诺在不久的将来确保叙利亚的流离失所人群在黎巴嫩拥有合法地位，确保包括叙利亚儿童在内的所有儿童都能够接受教育等，这显示出黎巴嫩在"黎巴嫩危机应对方案"框架下与不同涉难民机制和行为体合作，承诺加强难民保护的积极姿态。

四　国际难民机制复合体下黎巴嫩的政策调整与难民治理前景

　　尽管观察人士在一开始并不认为《欧盟－黎巴嫩协定》的签署和"黎

---

① 　The Government of Lebanon and the United Nations, "Lebanon Crisis Response Plan: 2017-2020," January 2017.

巴嫩危机应对方案"的出台能使黎政府做出多大改变，然而，在 2017~2018 年，黎巴嫩政府做出的一些政策调整释放出积极信号，使得叙利亚难民在黎巴嫩的处境获得了一定好转。

例如，在《欧盟－黎巴嫩协定》签署之后，黎政府安全总局在 2017 年 2 月宣布，所有 2015 年 1 月 1 日之前在联合国难民署登记的叙利亚难民将在以后申请延长居住许可时免除 200 美元的申请费用。这一政策使得不少之前无法承担申请费用的叙利亚难民获得了短暂喘息，可以再次申请在黎巴嫩短暂居留。除此之外，在 2018 年以前，所有在黎出生的叙利亚新生儿都必须于 1 岁之前在相关政府部门进行登记，否则长大后不能正常入学接受教育，且在医疗健康方面也面临重重障碍。由于很多叙利亚人无钱支付延长居住许可需要支付的费用，处于非法居留地位，因此，他们在孩子出生之后也不会在一年内主动前往政府部门进行登记，这使得只有不到 17% 的 5 岁以下叙利亚儿童被黎政府正式登记。[1] 伴随着上述免除费用政策的出台，黎政府在 2018 年进一步宣布，所有于 2011 年 1 月至 2018 年 2 月在黎出生的叙利亚儿童都可以在相关部门进行登记，这对于改善叙利亚难民儿童在黎生活状况具有重要意义。在生计方面，黎政府还表示会简化难民登记手续，同时帮助难民群体在环境、农业、建筑等领域就业。[2] 尽管叙利亚难民在就业方面仍然面临诸多限制，但是这一政策的出台为叙利亚人在黎巴嫩工作提供了合法途径。

因此，基于黎巴嫩对于发展援助的短期依赖以及《欧盟－黎巴嫩协定》和"黎巴嫩危机应对方案"给黎巴嫩难民保护工作带来的短期积极影响，我们有理由推测黎巴嫩在将来应对难民危机时会寻求在"发展－难民机制复合体"等框架下间接承诺部分难民保护义务，积极参与国际合作。

不过，需要指出的是，即便《欧盟－黎巴嫩协定》和"黎巴嫩危机应对方案"的出台给黎巴嫩的叙利亚难民应对带来了积极因素，但是相较《欧盟－约旦协定》和"区域难民与恢复计划"框架下的其他国家，黎

---

① UNHCR, "Lebanon Eases Birth Registration Rules for Syrian Refugees," https://www.unhcr.org/news/stories/2018/8/5b742f9a4/lebanon-eases-birth-registration-rules-syrian-refugees.html, accessed:2021-04-21.

② Tamirace Fakhoury, "Refugee Governance in Crisis: The Case of the EU-Lebanon Compact," Migration Governance and Asylum Crisis (MAGYC), December 2020.

巴嫩的执行情况仍然不容乐观。例如，上述免除费用的政策并不适用于在危险情况下通过非法途径进入黎巴嫩的叙利亚脆弱难民，而非政府组织也估计将有 50 万名叙利亚难民被排除在外。与此同时，黎巴嫩仍然坚决反对建立正式难民营，这与黎巴嫩的基本政治利益及其对于传统国际难民机制的反对态度密切相关。即使邻国约旦建立的官方难民营（如扎塔里难民营，Zaatari refugee camp）成为国际难民治理的积极案例，黎巴嫩政府仍然担心这些难民营会导致难民"就地安置"，改变本国人口结构，甚至被政治团体或极端组织利用。

除此之外，黎巴嫩社会近些年的持续动荡，如 2018 年 5 月的黎巴嫩大选、2019 年 10 月起爆发的一系列游行示威、2020 年 8 月的贝鲁特港爆炸、2021 年起黎巴嫩政府的艰难重组进程以及 2023 年起新一轮巴以冲突对黎巴嫩产生的危机外溢效应，都会使得难民应对这一议题在黎巴嫩存在很大的不确定性。在这一背景下，黎巴嫩错综复杂的政治团体只能一致同意叙利亚难民必须最终回到叙利亚，这只会导致更多未经允许的遣返活动发生。例如，早在 2017 年 8 月，作为黎巴嫩真主党和"沙姆解放组织"①之间停火协议的一部分，就有超过 7700 名居住在黎巴嫩北部的叙难民被送回叙利亚；而在 2018 年 4 月，在没有得到联合国难民署支持的情况下，黎巴嫩政府组织了近 500 名叙利亚难民从黎巴嫩西南部返回叙利亚首都大马士革西南部地区。② 由于这些行动都没有国际社会参与，因此难民回到叙利亚可能并非"自愿返回"。同时，《欧盟 – 黎巴嫩协定》和"黎巴嫩危机应对方案"并没有强制执行力度，在根本上也并没有触及黎巴嫩本国的难民保护机制，前者只是欧盟基于安全目的所采取的"外化政策"的一部分，而后者只是短期的危机应对策略，当黎巴嫩政府意识到这些方案的缺陷之后，也可以随时停止合作，并进行政策收缩，这些行动最终损害的只会是难民的基本权益。

因此，尽管黎巴嫩在将来可能会继续借助国际难民机制复合体开展国际难民保护合作，但是相比其他国家，黎巴嫩可能会面临更多阻碍和存在更多的政策不确定性，且国内外政治因素仍然是其难民政策调整的核心考量。

---

① 2024 年 12 月，以"沙姆解放组织"为核心的叙利亚反对派武装占领首都大马士革并成立过渡政府，宣告阿萨德政权垮台。

② 喻珍：《黎巴嫩的叙利亚难民问题治理》，《阿拉伯世界研究》2018 年第 6 期，第 79 页。

文学研究

马哈福兹《三部曲》人物探析：彷徨的凯马勒

倪　颖 *

【内容提要】埃及作家纳吉布·马哈福兹创作的《三部曲》，被誉为阿拉伯长篇小说的里程碑。小说通过描写一个中产阶级家庭三代人的变迁，反映了埃及社会的风云变幻，小说中第二代人凯马勒可以说是典型环境中的典型人物代表。本文以凯马勒在爱情、政治及宗教信仰三方面的思想危机为主线，分析了这个人物在新旧两种力量面前的彷徨与犹豫，而凯马勒也在一定程度上代表了作家本人及那个时代诸多埃及知识分子所面临的种种危机。

【关键词】《三部曲》　纳吉布·马哈福兹　凯马勒

纳吉布·马哈福兹创作的《三部曲》之第一部《宫间街》侧重描写以艾哈迈德和艾米娜为代表的第一代人的生活，而后两部《思宫街》和《甘露街》集中描写了埃及 1919 年革命后艾哈迈德一家三代人的变化。事实上，艾哈迈德家中的变化也正折射出埃及社会的变化：第一代人逐渐失去控制力，第二代人逐渐有了自主权，第三代人则完全由自己掌握命运与前途。女子的地位逐步提升，从躲在阳台看世界，到走出家门，走进校园，走入社会。与此同时，埃及社会也正面临经济衰退的阵痛，并由此引发年轻一代就业困难、前途渺茫的问题，继而使他们对婚姻、信仰、宗教和政治等社会问题产生重重疑虑。

《三部曲》篇幅很长，涉及人物众多，不少主要人物达到了艺术典型

---

　*　倪颖，北京大学阿拉伯语系副教授。

的高度，而第二代人凯马勒无疑是作品中最具矛盾性也最富代表性的人物。凯马勒代表了当时埃及知识分子对知识、对科学的渴望与追求，代表了他们在新旧两种力量面前的彷徨不定与犹疑不决。在他身上刻有深深的时代烙印，哲学的研究，科学思想的研究，西方文化的引进，使他时时事事都想摆脱家庭及社会的劣根性，但浓重的传统观念与习俗使他深受羁绊。事实上，这不仅仅是凯马勒个人的危机，也代表了当时埃及社会很多青年的危机。在激烈的社会变革中，在新旧观念与新旧思想的冲突中，他们陷入迷惘与痛苦，不得不在新旧交替的十字路口彷徨、踟蹰。

凯马勒的性格描写和思想历程主要集中在《思宫街》及《甘露街》。其性格的展开、内心矛盾及思想斗争的展开主要通过三条主线，即对美好爱情的追求及最终幻灭、对宗教信仰的虔信与对科学思想的接受而产生的信仰危机，以及华夫脱党在埃及政坛令人失望的表现给他带来的政治失落。

凯马勒爱上了同学侯赛因的姐姐阿漪黛，视她为幸福的源泉，奉她为"女神"。在法国长大的阿漪黛，从小接受西方教育，衣着优雅，谈吐大方，这一切深深地吸引着他。他常常幻想与高高在上的"女神"接近，但这种接近并非躯体上的，而是精神上的。他近乎痴狂地爱着她，但又不敢向其表白，他既陶醉于这种柏拉图式的爱情，又为此备受折磨，饱受煎熬。"女神"可以说是西方文化的代表，而他从小接受的宗教教育又是埃及传统文化的象征，他被夹在两者中间进退两难。当强烈的门第观念、相异的家庭背景终使爱情的梦想破灭后，他陷入了感情危机。"女神"与顾问之子哈桑·赛里姆成婚之日，凯马勒强忍内心痛苦，与自己的爱情告别，从此，"你的目光将在城市的各个角落里茫然张望；思念之情，令你望眼欲穿"。① 他突然意识到自己成为天命、传统、等级制度的牺牲品。

应该看到，凯马勒与哈桑·赛里姆的爱情之争，其实就是一场阶级间的较量。哈桑·赛里姆的获胜，表明他所代表的占主导地位的阶级的胜利。

在"女神"的家——夏达德公馆的所见所闻，使凯马勒的传统价值观发生了动摇。自结识了夏达德这个西化的贵族家庭，他的内心便在不断地将两个家庭进行比较：一边是平起平坐、相敬如宾的贵族夫

---

① 〔埃及〕纳吉布·迈哈富兹：《思宫街》，朱凯、李唯中、李振中译，湖南人民出版社，1986，第375页。本文译文部分皆参考引用《三部曲》之《宫间街》《思宫街》《甘露街》，以下不再单独标注，仅在引文后标注分册与页码。

妇，一边是严厉冷酷、主仆般的父母；一边是任意穿梭于小伙子们中间与他们交谈、共同郊游、自由选择夫婿的贵族姑娘，一边是被禁锢在家、不可抛头露面，更不可自主选择婚姻的姐姐们。在夏达德家庭中听到、看到、接触到的一切正是他所向往的，那里有自由的空气，有悠闲的生活，有崭新的思想。从此，他开始"以怀疑和批评的眼光审视周围的一切"。对"女神""疯疯癫癫，茫然失措，痛苦难熬，断断续续的难过"的爱情经历之后，他感到痛苦万分，失去了爱情，失去了阿漪黛，凯马勒绝望地喊出一声"我再也不是这个星球上的居民，我成了一位天外来客，理当过异域人的生活"（二册，第387页）。他开始心灰意冷，开始逃避现实，开始埋头书本，希望用书、用哲学思想来帮助自己摆脱困境，走出迷途，岂料他更陷入了一场新的危机之中——对他从小笃信的宗教产生了怀疑。

事实上，凯马勒原本是一位胸怀大志的青年。他是家中幼子，由于大哥亚辛不成器，二哥法赫米过早离世，父亲将全部希望寄托在他身上。他成绩优异，立志做一个思想家，因此公然违背父亲一心让他学习法律以求得一官半职、出人头地的愿望，毅然报考了受人歧视的师范学院。他内心充满希望与理想，他以为从此可以任意遨游在知识的海洋中，探索生命起源及其归宿，在他那个神秘的思想世界中自由飞翔，因为他相信，"思想生活是人类的最高目标，其光辉本质要胜过一切物质、体面、地位、尊号以及形形色色的虚假荣誉"（二册，第60页）。他拼命地吸吮西方文化，如饥似渴地遍览群书，当他最终发现东西方文化间存在如此多的差异时，在二者势不两立的猛烈的撞击中，他不知所措，顿时感到危机四伏。

进入师范学院后，他迷恋上了哲学，接触到了科学，接受了达尔文思想，相信达尔文的进化论，并写了一篇题为"人类起源"的文章，结果招致父亲的责难。但是凯马勒"相信这条理念是科学真理，凭此可以创造适用于万物的哲学"（二册，第408页）。那么，对"亚当是人类的祖先"这种自小就被灌输的传统思想又该做何解释呢？于是，亚当、造物主、《古兰经》和达尔文等问题不时地折磨着他，使他内心充满了矛盾，对生活充满了怀疑，进而对自己从小浸染的宗教产生了怀疑，更陷入了信仰危机。为此他深感痛苦，一个是他从小笃信的宗教，一个是他最新接受的科学，两者的理念截然不同，并且处于可怕的对峙之中。经过反复较量，科学显然占了上风，因为凯马勒认为"假若证据确凿，我甘愿承认猿猴是我的祖先，因为它比无数的亚当要好"（二册，第407页）。并且，"真正的宗教就是科学，是揭开宇宙秘密、探讨乾坤奥妙的钥匙"。他觉得自己"战胜了愚昧，在迷信的过去与光辉的未来之间画出了一道分界线，一条条通向真主的路出现在凯马勒的面前，那是科学之路、幸福之路、善美之路，以此同充满迷梦、幻想、疾苦的过去告别……"（二册，第410页）凯马勒成了科学的信徒，而抛弃了母亲自小传授给他的传统宗教。事实上，达尔文的进化论不仅是引发凯马勒内心矛盾的一种理念，也可以看作马哈福兹写作《三部曲》的理论依据，依靠它，社会得以进步与发展，小说中三代人的思想、观念与生活得以改变与更新。

不过，凯马勒并未因思想上接受科学、抛弃宗教而从此拨云见日。他"从唯物主义哲学源泉中吸收了营养，仅仅在两个月之内，便尝到了人类在一百年时间内所经历的思想痛苦"（二册，第463~464页）。在漫长的哲学探索之路上，仿佛"他心爱的人已经坐上奥古斯特·孔德的列车，通过神学车站，那里张贴的标语是'是，妈妈！'看吧，那列车正行驶在形而上学的大地上，那里张贴的标语是'不，妈妈！'从望远镜中看到，在不远的地方，出现了'现实主义'，它的顶峰上张贴的标语是'睁开你的双眼，要做勇敢的人！'"（二册，第465页）

诚然，凯马勒告别了迷信和神话，告别了传统宗教，告别了过去，也看到了"现实主义"，看到了目标，但那是从望远镜中看到的，与过去的告别仅仅是思想上的，行动上呢？他也希望做一个"勇敢的人"，拿出实际行动来，但是他最终没有勇气迈出那关键性的一大步，也没有能力跨越自己的过去，他被赖以成长的传统重重包围，陷入了惶惑与徘徊之中，成了思想的勇夫，行动的懦夫。

无力解脱之际，他选择逃避，选择用酒色来麻醉自己。爱情的失落，信仰的失落使他对一切都失去了希望，"没有宗教，没有阿漪黛，没有希望，只有死路一条"（二册，第422页）。他抓住酒色这根救命稻草，以此摆脱痛苦的纠缠。更不幸的是，他意外而又合乎情理地得知父亲原来是一个喜欢寻欢作乐、寻花问柳的人，是一个"放纵、贪情"的人。从此，那个"严肃、庄重、威风凛凛、一本正经"的父亲形象彻底颠覆了。那么，"世界上还有什么真正的东西和非真正的东西？历史的价值何在？自己又算个什么？……"（二册，第439页）他希望一醉了事，了却那无穷无尽的烦恼，因为"一切都变了……真主……亚当……侯赛因……爱情……连同阿漪黛本人……"（二册，第448页）究竟还有什么值得相信呢？此时此刻，他一无所有，唯有寂寞和痛苦与之相伴，他多么想逃离这里，摆脱过去，"废除这积满死水的坑壕——家庭，取消父权、母权，并且给我一个没有历史的祖国和一个没有过去的生活"（二册，第451页）。

感情和信仰的双重危机降临到凯马勒身上时，凯马勒性格中的弱点一再地暴露在读者面前，他不愿也不敢面对现实，他用酒来麻醉自己，用色来麻痹自己，借此来忘却自己的历史，摆脱历史的一切。

在经历这双重打击的同时，凯马勒还遭受着另外一重打击，即政治信念的失却。他是华夫脱党的积极拥护者，对萨阿德"尊敬、忠诚，几乎达到了崇拜的地步"，他甚至一度认为"除了萨阿德之外，埃及没有第二个人能以埃及的名义讲话，只要全民族团结在他的周围，埃的希望必将化为现实"（二册，第184页）。但是命运弄人，事实总是与凯马勒的意愿背道而驰，被寄予厚望的华夫脱党妥协退让，为了避免同英国人冲撞，萨阿德与敌人、卖国贼握手言和。更让凯马勒难以接受的是萨阿德的去世，他感到"革命、自由、宪法的领袖死了"，他因之"失去了精神寄托、智慧的源泉"（二册，第508页）。

这一时期的埃及社会，内阁频繁更替，政党之间争权夺利，使埃及人民的民族独立运动受到了巨大打击。西德基任首相时，政治上专制，经济上萧条凋敝，1929~1933年发生的世界经济危机更是雪上加霜，许多工厂倒闭，企业破产，普通百姓的生活时时受到威胁，就是作为小说中主要对象的中产阶级也面临生存危机。很多青年人无法找到工作，前途渺茫。"一个大学生一个月才拿十埃镑，这还算运气好，找到了工作。"（三册，第49页）在这种政治状况下，凯马勒陷入了政治的徘徊，他受到怀疑的冲击，内心充满了矛盾，这些矛盾经过激烈的斗争后，留给他的只有"空虚"。

凯马勒在怀疑的道路上一走就是20年。20年中，他久久地徘徊在十字路口，孤独寂寞，得不到亲人的理解，得不到朋友的支持，世界于他而言是陌生的，他于世界而言仿佛是一个异乡客，他的脑子始终盘旋在一个可怕的天际里，"什么是真理？什么是价值观念？存在的事物到底是什么？"（三册，第120页）他怀疑一切的态度，不仅使他成为生活中的单身汉，也成为思想上的单身汉。

也许，在不少人的眼中，凯马勒就是一个消极人物代表。作家曾经做过这种解释："这仅仅是人物内心一种犹豫不决的必然特征，或者说这就是犹豫不决，就是彷徨。设想一下如果你处于一个全新的环境中，你会怎么做？在不断变化与更新的阶段中，你会勇往直前吗？即便你是一个积极的人，你的信念与个人处境也会促使你三思而后行……或许冲动的年轻人会说你不是积极的人，但在同样情况下，他们会采取什么当机立断的行动呢？这些行动都是正确而且合适的吗？或者说至少其中部分是鲁莽的呢？这正是问题所在。"① 更何况，"积极的思考总是从怀疑开始"。②

小说中有一个细节值得注意，凯马勒曾想到了死亡，但是："他为什么没有自杀？为什么他的生活表面上看起来还是充满着信仰和激情？然而他的心却是把他拉向两个截然不同的方向：纵欲和禁欲。但是，他生来过不惯那种完全舒适和纵情放荡的生活，另一方面，他心中有一种隐约的意识，使他抛弃那消极主义和逃脱现实的思想，也许就是这种意识，才使他没有去自杀。同时，他手中握着的动荡不安的生活绳索，又与他那致命的怀疑主义态度相矛盾，总之，概括起来就是：徘徊和痛苦！"（三册，第225~226页）由此可见，作家正是想通过描写凯马勒这个人物思想与行动的彷徨，来表现当时青年一代所面临的进退维谷的痛苦境况。

事实上，为了避免对凯马勒的片面理解，作家并未把他写成一个单调乏味的人物，而是极富层次感与递进感。小说中我们可以看到，凯马勒的彷徨与怀疑并非与生俱来。他原本踌躇满志，内心怀着一个美好梦想，那就是走进那个令他心驰神往的奇妙的知识世界。为此他放弃了法学院学习的机会——一个毕业后能找到体面工作、求得官职的机会，毅然选择了师范学院——一个日后只能成为被父亲视为劣等官费学校的可怜教员。这与那些利欲熏心、贪慕虚荣、谋求金钱与地位的人们形成了鲜明的对比，在这些人眼中凯马勒简直愚不可及。

在经受了爱情的失败、科学与宗教信仰矛盾以及政治斗争的低潮等危机后，他对过去所坚信的一切产生了怀疑。他开始借酒色来浇灭内心的痛

① رجب حسن، نجيب محفوظ يقول، الهيئة المصرية العامة للكتاب، ٣٩٩١، ص ١٤١.

② نبيل فرج، نجيب محفوظ – حياته وأدبه، الهيئة المصرية العامة للكتاب، ٦٨٩١، ص ٥٨.

苦，但这并不意味着他滑向了堕落的深渊。他有自己的人生目标，希望自己活得有尊严，受人爱戴。自小养成的争强好胜的性格促使他为了尊严而奋斗，永不言弃，因而他成了一名受人尊敬与爱戴的优秀教师。虽然缺乏实质性的行动，他的头脑却总是在不懈地思考，手中的笔总是在不停地写作，在不懈地向埃及人介绍西方的文化。为了满足自己的求知欲，他以坚忍不拔的毅力，对真理、对理论问题进行了大胆的探索。他总是自我安慰地说："我是找了不少罪受，但它说明我活着，是一个活着的人。不付出代价，一个人是得不到真正的生活的。"（三册，第13页）在别人眼里，他是一个毫无生活乐趣的人，但其实他有很强的生活愿望，他希望通过自己的劳动，通过自己的写作，活得有生气，而不是死水一潭。他有梦想，有追求，只是在种种撞击中、在种种抉择中，迷失了自我，迷失了方向，甚而凡事优柔寡断。

偶遇阿漪黛的妹妹布杜尔后，他仿佛突然在黑暗中看到了一线光明，原已万念俱灰的他，又开始蠢蠢欲动。他决心要竭尽全力去追求自己的希望与幸福，勇敢地追求自己的第二次爱情。不幸的是，凯马勒性格中懦弱的一面、悲剧的一面再次阻挡了他的脚步。尽管布杜尔大方主动，但在"结婚还是不结婚"的疑问中绕圈子的凯马勒最终还是坐失良机，永远地失去了第二个心爱之人。

事实上，凯马勒面对第二次爱情时的心情是非常矛盾的。一方面，他对美好爱情充满向往与渴望，希望用婚姻来填补内心的寂寞与空虚，并享受家庭的天伦之乐与夫妻的恩爱之情。另一方面，他总是将自己看作一个思想家，他对结婚的看法是："是的，他曾在爱的浓荫下生活过一段时间，但结婚却是一场玩笑。后来思想代替了爱情，他这才深深爱上了生活，使他最高兴的事，莫过于得到一本好书，或者发表一篇文章。他自己常想，一个思想家是不结婚的，也是不应该结婚的。他的眼睛应该往上看，他认为结婚会迫使他朝下看，所以他总以婚姻旁观者的态度自豪，免得陷入生活的琐碎事物中去。"（三册，第31~32页）在享受爱情的愉悦时，总是有不安伴随而来，既希望结婚又讨厌结婚的矛盾心理始终围绕着他。

对于凯马勒的这种矛盾心理与犹豫不决，作家解释说："周围的每件事情都在不断地发生变化，从一种形态到另一种形态，很快转变成第三种形态……人们的观念在变化……他（凯马勒）也处于其中……"① 面对正在发生变化的一个社会，凯马勒无所适从，徘徊不定，在一定程度上，他可能会失去一些东西，但恐怕倒比某些草率行事的莽夫更为稳妥，因为犹豫不决就表明他在比较，怀疑一切也并非消极的态度，有怀疑就表明有思考，他最终还是会做出选择，朝着自己追求的目标迈出那关键的一步。

可以说，凯马勒的危机并非他个人的危机，作家分析道："他生活在一个始终保持着传统价值观的家庭中，作为其中一员，他应当遵循这些价值观……同时，作为一名青年，他应当以其他青年为榜样……而作为国家的一员，他应当信赖祖国的形象……作为一个存在的实体，他应当信赖自身存在的形象……他的这种存在与前面几个因素均有关联，并且要对它们进行肯定，在我看来，这就是危机的由来。"②

当理想和现实发生冲突，大到国家的政治现状与社会现状，小到浓缩社会的家庭的现实，尤其是父亲的道貌岸然，及至他个人爱情道路的坎坷与信仰的失落感和无归属感，种种因素使他产生了种种矛盾心理。

我们注意到，作家曾在多个场合、多个专访中提到凯马勒所经历的思想危机，也是他个人乃至埃及整整一代人的思想危机。而任何作家总是处于一定的历史文化环境中，因而他的作品便会自觉不自觉地刻录他那个时代特定的历史文化印记。任何危机的由来，都与当时的社会历史环境、文化背景密不可分。

车尔尼雪夫斯基曾经说过："所有不属于我们这个时代并且不属于我们的文化的艺术作品，都一定需要我们置身到创造那些作品的时代和文化里去，否则，那些作品在我们看来就将是不可理解的、奇怪的，但却是一点也不美的。"③

从历史上看，埃及长期遭受外族欺凌与压迫，为争取民族独立而掀起的轰轰烈烈的 1919 年革命却以失败告终，此后又被卷入两次世界大战的浩劫，政权的频繁更替，局势的动荡，社会的黑暗与不平等，使广大埃及人民深感不安与惶惑。这可以说是一种彷徨的历史心理。

---

① رجب حسن، نجيب محفوظ يقول، الهيئة المصرية العامة للكتاب، ٣٩٩١، ص ٣٤١.
② رجب حسن، نجيب محفوظ يقول، الهيئة المصرية العامة للكتاب، ٣٩٩١، ص ٢٤١-٣٤١.
③ 〔俄〕车尔尼雪夫斯基：《生活与美学》，周扬译，人民文学出版社，1957，第 59 页。

此外，埃及是一个历史悠久的国家，曾经拥有的灿烂文化足以使埃及人民引以为豪。尤其是传统文化——伊斯兰文化的影响深深扎根于人民的心中。这种文化依靠其延续性、持久性与广泛性，不仅主宰着人们的生活习惯、思想观念、道德、思维模式等方方面面，甚至支配着社会的政治、经济等各大领域。

但是任何一种传统文化都有其历史的局限性，都不可避免地由精华与糟粕两个部分组成，只有在不断地取精华、去糟粕的过程中，才能不断地得到完善与进步。也正是在这种历史条件下，世界进入 20 世纪后，英法等老牌殖民主义国家向东方渗透，随着军事的扩张，西方的文化与思想随之侵入东方，进入埃及。对于长期处于闭塞状态下的埃及人民，尤其是对于接受了一定教育的知识分子而言，突然涌来的西方文化似乎充满了诱惑力，他们对西方的生活方式与思想观念充满了向往与憧憬。但是西方文化与他们赖以成长的传统文化格格不入，尤其是一些自然科学的理论，与他们的宗教信仰相互矛盾，甚至大有势不两立之态。在这种情况下，部分或完全摆脱自身的传统，接受全新的文化以适应新的时代，就有可能舍弃固有的具有鲜明民族性和历史延续性的传统文化。在东西方文化的比较中，埃及人民意识到变革的必要性与迫切性，从理智上他们认为应该建立一套全新的价值体系，但是从情感上对传统文化的深深依恋又束缚了他们的手脚，对传统文化弃之不忍，对新文化取之不易的矛盾心理交织在埃及人民的情感中。这是一种彷徨的文化心理。

小说所要表现的，就是在这种特定的历史和文化背景下，埃及 1919年革命以后成长起来的一代知识分子的心路历程，展现他们的灵魂、思想被怀疑、被犹豫痛苦撕裂的过程。不过小说在结束时，似乎让我们看到了一线曙光，凯马勒从外甥爱哈麦德被捕时所说的一番话中，受到了启发，得到了鼓励，他突然意识到"战斗还没有结束，永远也不会结束，哪怕我像母亲那样，只剩下了三天的生命……"（三册，第 389 页）他坚信爱哈麦德所说的话，那就是"坚信生活，坚信人类，只要我认为他们的崇高理想是真理，我就要追求这些崇高的理想。因为畏缩不前就是懦弱，就是逃跑"（三册，第 389 页）。看来，凯马勒此次离"一场重要的变革"不远了。

读罢小说，凯马勒这个人物不觉间深入人心，其魅力就在于这个形象的真实性。正如现实主义大师巴尔扎克所说："文学的真实在于选取事实和性格，并且把它们这样描绘出来，使每个人看了他们，都认为是真实的。"①

凯马勒是那个年代埃及青年知识分子在革命中犹豫、彷徨、怀疑的典型。借这个人物，作家不仅在写自己，也在写当时一代知识青年，面对新旧两种思潮、面对东西方文化撞击时的矛盾心理。其实，马哈福兹与凯马勒有相似的人生经历，在13岁那年，他暗恋邻家的一个漂亮女孩，"她的家庭殷实，追求欧式生活，她和传统的女青年大有不同"。② 与小说中的凯马勒相同，马哈福兹不敢对自己心爱的"蒙娜丽莎"表达爱意，也没有勇气"让她注意到自己默默的恋情，每天能看到她就心满意足了"。③ 后来姑娘出嫁搬走了，这对马哈福兹来说，仿佛是一个沉重的打击。这次单相思的爱情经历，也许就是小说中凯马勒对阿漪黛的初恋经历。在马哈福兹的回忆中，我们发现，作家是一个非常坦率的人，对自己的过去毫不遮掩，他曾说，"婚前我的生活十分放荡不羁，经常出入那些公开的或秘密的花街柳巷"。④ 马哈福兹在婚姻面前，也曾像凯马勒一样犹豫，不同的是，马哈福兹是为了文学。当作家翻看以前的日记时，发现自己在日记中反复问自己："结婚还是不结婚？"⑤ 这一点与凯马勒的迟疑多么相像。

马哈福兹从小生活在一个笃信宗教的家庭中，母亲常常带着他拜谒圣陵。这与小说中凯马勒对宗教的热爱十分相似。不同的是，作家从小生活在一个十分宽松的环境中，"并不是一个令人恐怖的家庭环境，我的家庭对我非常温和，因为我是家中最小的孩子，而且非常勤奋，深得他们的怜爱……在凯马勒这个人物的塑造上，我并非着眼于自传式的写作，而是着重小说，我所关心的就是凯马勒的思想危机。凯马勒的思想发展过程正是我一步一步经历过的"。⑥ 作家喜欢哲学研究，并且撰写过多篇相关的哲学论文。科学的发展，世界日新月异的变化，使作家开始相信科学，也因而深受科学与宗教矛盾问题的困扰。作家曾坦言：《三部曲》在很大程度上

---

① 普塞柯夫：《巴尔扎克》，第23页，转引自董学文《马克思与美学问题》，北京大学出版社，1983，第229页。

② 《马哈福兹访谈录》，http://www.islamzs.com，2002年11月30日。

③ رجاء النقاش، نجيب محفوظ - صفحات من مذكراته وأضواء جديدة على أدبه وحياته، مركز الأهرام للترجمة والنشر، ١٩٩٨، ص ٦٠١.

④ رجاء النقاش، نجيب محفوظ - صفحات من مذكراته وأضواء جديدة على أدبه وحياته، مركز الأهرام للترجمة والنشر، ١٩٩٨، ص ٦٠١.

⑤ جمال الغيطاني، نجيب محفوظ يتذكر، أخبار اليوم، ١٩٨٧، ص ١٥٠.

⑥ أحمد محمد عطية، مع نجيب محفوظ، دار الجيل، بيروت، ١٩٨٣، ص ١٥٩.

描写了我自己，主要体现在凯马勒·阿卜杜·贾瓦德这个人物身上。将凯马勒写进小说并不是随意的安排，也不是因为他身上有我一部分影子，而是因为他是小说主题不可分割的一部分。这部小说始于古典时期，发展于浪漫时期，又面朝心理分析时期。其中有东西方文化的撞击、融合，但并不像陶菲格·哈基姆，或者耶哈亚·哈基以及塔依布·撒里哈等作家所经历的那样，代表了一个在东方发现了西方的人，种种文明接踵来到他面前，因此必须去分析阐释人物内心、灵魂及思想所产生的变化。由于这样一场巨大的变革经历，我也曾经遭受过激烈的思想斗争，因此必然会反映在小说中。我想小说中第二代人是最好的代表，当然在亚辛身上不可能找到，法赫米倒是有可能，但他不幸夭折，而凯马勒的危机代表了我的危机，他经历的痛苦磨难有很大部分也是我曾遭受过的，我对《三部曲》的喜爱与怀念，即由此产生。"[1]

作家将自己的思想经历通过小说人物反映出来，印证了思想对于创作的重要性。"无论是作为表现对象，还是作为主体行为，失去了思想，创作中作家便没有立足的基点，生活的材料便没有统帅。而思想的重要性使作家必须具有思想开掘能力。……思想开掘的真正涵义其实是指主体自身必须具有思想能力和思想高度。"[2] 由此可见，作家深厚的哲学积淀，对生活敏锐的思辨能力，与时俱进的思想观念，构成了他成功创作人物形象的基础，也正是这些反映了生活丰富多样的文学形象，才使作品更具创造价值与永久魅力。

---

[1] جمال الغيطاني، نجيب محفوظ يتذكر، أخبار اليوم، ١٩٨٧، ص ٦٠١.

[2] 董学文、张永刚：《文学原理》，北京大学出版社，2001，第113~114页。

马哈福兹小说《千夜之夜》中的后现代主义特征

秦 烨[*]

【内容提要】马哈福兹创作的长篇小说《千夜之夜》具有鲜明的后现代主义特征，文本中的诸多矛盾结构形成一种既相互结合又彼此排斥的张力状态，其中最为突出的是世俗与信仰、生存与死亡以及魔幻与现实之间的张力关系。文本张力的存在消解了中心意识，丰富了作品的意旨，使读者能够更为深入地体验多元话语空间带来的艺术情趣和审美享受。

【关键词】马哈福兹 《千夜之夜》 后现代主义 苏菲主义

作为 20 世纪埃及乃至整个阿拉伯世界最负盛名的作家，马哈福兹的创作始终追随世界文学发展的大趋势，体现出鲜明的时代特征和浓厚的人文气息。马哈福兹的小说创作历经浪漫主义的历史小说、现实主义小说、"新现实主义"小说等发展阶段。他在后期创作的某些作品和西方的后现代主义小说一样体现了消解中心意识、无体系性、无明确意义性的后现代主义美学特征。[①] 马哈福兹于 1982 年发表了长篇小说《千夜之夜》，被视为他在后现代主义文学创作方面的积极尝试。

后现代主义文学呈现一种反本质主义、无中心的特征，文本中的诸多矛盾结构形成一种既相互结合又彼此排斥的张力状态。"一旦我们把世界理解为一个由诸多差异构成的张力场，以此来取代以往的本质主义世界观

---

[*] 秦烨，国防科技大学外国语学院讲师，研究方向为阿拉伯现当代文学。

[①] 林丰民：《文化转型中的阿拉伯现代文学》，北京大学出版社，2007，第 27 页。

和理性主义文本观，那么差异、可能性、偶然、个体等等在现代性思维中需要被超越的东西就成为后现代文学作品中去刻意表现的东西。"① 这种张力关系既来源于后现代主义所认为的"逻各斯"中心隐去所致的不确定性，同时也来自作家本人对矛盾和差异现象的细致入微的体察。作者在《千夜之夜》中借主人公山鲁亚尔之口，曾有过如此表述："要相信不符合逻辑的事物，我应该深入到互相矛盾的现象中去。"马哈福兹在小说中展示着相互冲突又密切结合的诸多张力状态，并试图由此表现他对于人类命运与社会正义等问题的后现代主义思考。

一 彷徨的旅程——世俗与信仰的矛盾与张力

马哈福兹在整部小说中以国王山鲁亚尔、卫队长贾姆沙为代表塑造了人类命运的发展群像，体现了他对人性与存在问题的深思。小说情节上接续阿拉伯民间故事《一千零一夜》的结尾，在开篇即提到山鲁佐德已经讲完一千零一夜故事，等待着山鲁亚尔对她命运的判决，而山鲁亚尔认识到自己虐杀少女的罪恶，终止了自己的暴行，并迎娶山鲁佐德为王后。接下来，小说讲述了 13 个相互独立又彼此关联的曲折动人的故事，以辛巴德航海远行为开端，并以山鲁亚尔的自我放逐为结束。作者将山鲁亚尔的个人经历与其统治的国家内部的政治腐败紧密联系起来，并借疯人之口，将"国王"比喻为"脑袋"，将"国家"比喻为"身体"。国家政治腐败的问题实际上是由人性的贪欲导致的。只有国王戒除自己的贪欲，才能使整个国家逐步走向公平与正义——"脑袋好了，身体也就安康了"。正因如此，山鲁亚尔需要选择一条使自己远离暴虐和贪婪，使国家远离腐败与动荡的道路。

在故事开篇，作者借医生穆黑尼之口表明，山鲁亚尔能够不再虐杀少女，告别残暴、走向虔诚，是因为被山鲁佐德讲述的一千零一夜故事所感召，这些故事中蕴含着她从苏菲长老巴勒西那里得到的智慧。然而，尽管他放下了横在全国少女头顶的屠刀，却依然嗜血残暴，在判处施行义举的贾姆沙死刑后，他无法无视双手沾染的鲜血，感到异常迷茫。在宰相丁丹

---

① 刘旭光：《理解后现代主义文论》，《陕西师范大学学报》（哲学社会科学版）2018 年第 1 期。

的鼓励下，他扮作异乡人，开始微服出巡。回宫后，他对山鲁佐德说道：
"这（出巡的经历）与你的故事是多么相似啊。"他在微服出巡中察觉了官
场的腐败，倾听了百姓对正义的呼唤，感受了真与善的力量。这些经历与
王后所讲的故事如出一辙，并且绝非虚构而来，而是切实发生在他的国家、
他的世界之中，由此令他感到了极大的震撼。他开始认识到这些经历、这
些教诲不是故事，而是现实。他若想解除迷茫，就必定需要走进这个故事
的世界。作者在此用山鲁佐德的一千零一夜故事隐喻苏菲的道路——净化
心灵、虔诚信仰之路。山鲁亚尔的苏菲旅程从听闻故事开始，通过微服出
巡验证了其中的教诲所言非虚，并逐步确认这些故事所象征的苏菲之路正
是自己需要走上的正途。当航海归来的辛巴德也对他讲述了和山鲁佐德一
样的故事后，山鲁亚尔就更加向往亲自走进故事的世界，于是他与作为世
俗世界国王的自己告别，走上了实践信仰之路。

后现代主义认为世界只是一个文本，这是从语境的角度形成的认知，
也即我们所看到的一切事物都与我们心中固有的认知相互激荡，形成互文
关系。而山鲁亚尔的所见都与心中的一千零一夜故事的感召相互呼应、相
得益彰，这使他的世界成为一个统一的理性主义的文本。然而，小说的结
尾又将这一切打破、撕裂。自我放逐的山鲁亚尔错失了伊甸园般的神秘王
国，感到万分绝望，路遇卫队长贾姆沙，作者借贾姆沙之口，以一段点睛
之笔结束了这篇小说："（在旅程中）既不能让人求得真理，又不能让人对真
理绝望。要使他进退维谷。谁以为已经得到，就要让他绝望。谁以为永世
难求，可以给他希望。使他进不得，退不得，求不得，舍不得。"①

小说《千夜之夜》是双主人公设定，山鲁亚尔是其中一位主人公，另
一位主人公即是贾姆沙。事实上，可以将两人视作同一个"自我"的两面，
其中山鲁亚尔是代表世俗的自我，而贾姆沙则是虔诚于信仰的自我。② 山
鲁亚尔在小说的开端，处死了觉醒的贾姆沙，由此象征着"一体两面"的
"自我"拒绝了虔诚的信仰，恢复了世俗的彷徨。在精灵帮助下复活的贾姆
沙与彷徨中的山鲁亚尔默契配合，对王国中发生的一桩桩奇案做出公正的
审判。而山鲁亚尔也逐渐醒悟，走上了放弃王位、自我放逐、追求信仰的

---

① 〔埃及〕纳吉布·马哈福兹:《千夜之夜》，李唯中译，人民文学出版社，2018，第 248 页。
② ماسية زكى: في مقام الوحد من «ليالي ألف ليلة»، أدب ونقد، ع١٣٠، ١٩٩٦.

路程，至此，"一体两面"的"自我"终于有机地合二为一。

从表面上看，故事发展到这里，似乎是以苏菲信仰为代表的理性主义的"逻各斯"中心得以确立。然而，这一中心的根基却在一条隐性的进程[①]中被消解掉了。我们可以从文中看似与主题偏离且不符合上下文语境的话语中找到它的蛛丝马迹。

在小说开端，当穆黑尼医生向长老巴勒西报喜，赞美山鲁佐德依靠从他那里得到的教诲拯救了全国的少女之时，长老只淡淡地说了一句："我们应当明白，智慧是有限度的。"这种表述似乎与举国上下的欢庆氛围以及小说通篇不断赞颂苏菲信仰在人性净化方面的崇高作用南辕北辙。直至小说结尾，当走上信仰之路的山鲁亚尔由于误开了神秘王国的禁门而失去自己的伊甸园后，重新陷入迷茫。无论是世俗王权、聪颖美貌的妻子，抑或是获得智慧启示、走上信仰之路，都无法使山鲁亚尔摆脱迷茫、走上解脱。由此，我们可以理解开篇与此相呼应的长老所说"智慧是有限的"这句话。苏菲信仰作为国王山鲁亚尔除去贪欲、净化心灵的引路者，作为整篇小说表面上的题旨，就这样在这个进程中被作者完全解构了。

这一题旨的崩塌，也体现出马哈福兹本人对于苏菲的矛盾观点。苏菲信徒拒绝尘世中的俗务和享乐，他们信奉清静无为的处世哲学。他们弃绝尘世的所有羁绊，选择避世索居的生活，专注于个人的心灵修炼。伊斯兰教思想家、教义学家和哲学家安萨里（1058~1111）在描述自己的修炼情形时曾说道："割断心儿与世界的联系，远离傲慢，代之以永恒和爱主的实质。"[②]对于苏菲信徒来说，只有远离现世，并断绝与现世中的一切联系，才能将自己全身心地奉献给真主、达到苏菲的道德品行和"完人"境界。

马哈福兹曾说："我认为苏菲是一片美丽的绿洲，我得以在那里歇凉，躲避生活的酷热。然而，我并不信仰苏菲主义。在我眼里，苏菲教徒都是智者。不过，他们远离生活，悔恨生活。真正的苏菲都拒绝生活。我不可能拒绝生活，也不提倡厌弃生活、远离生活。我一向号召沉入生活。苏菲

---

① 隐性进程的理论是北京大学申丹教授提出的一种叙事学理论，主要指的是"在不少叙事作品中，在情节发展的后面，还存在一个隐性的叙事进程，它与情节发展呈现出不同甚至相反的走向，在主题意义上与情节发展形成一种补充性或颠覆性的关系"。参见申丹《何为叙事的"隐性进程"？如何发现这股叙事暗流？》，《外国文学研究》2013年第5期。

② 努尔曼·马贤、伊卜拉欣·马效智：《伊斯兰伦理学》，宗教文化出版社，2005，第108页。

是善良的、柔和的,他们只是因为高尚的精神原因才拒绝生活。"①

马哈福兹认为苏菲是他逃避严酷现实时候的选择,但是他不会一直躲避。小说里阿卜杜拉(即复活后的贾姆沙)面对险境逃往绿岛,就是马哈福兹对苏菲的一种理解。在遭受挫折的时候,阿卜杜拉逃至绿岛,成为智者。他赞念真主,坚定信仰,但并没有一直藏匿于绿岛,而是在积聚了信仰的力量之后选择回到城市。然而,城市的问题来自人心,不只是国王、达官贵人的人心,也有平民百姓之心,整个王国的居民都迷失在人性的贪欲之中,他们贪恋金钱、美色和权力。正如长老巴勒西所说:"也许一颗纯洁的心灵可以拯救这个国家。"而纯洁心灵的获得在文本中一直以苏菲信仰为引导。由此,小说在精神世界与物质世界、信仰与世俗中形成了相互统一又相互排斥的力场,它如同一种循环的力量,让人"进退不得、求舍不得",始终在一种张力关系之中。

马哈福兹从未间断对于世俗与信仰问题的思考,也许他本人也尚未得到一个可靠且能言的答案。他提供的文本显示了他在此问题思考过程中的矛盾,同时也彰显了后现代主义的不确定性、去中心化等特征。

二 存在的意义——生存与死亡的矛盾与张力

马哈福兹的小说创作素来关注存在问题。他在《千夜之夜》中聚焦于不同个体的碎片化、荒诞化的死亡体验,对生命与死亡之间的张力关系进行了深入而富有层次的呈现。

贾姆沙在一次垂钓中,偶遇虔诚的精灵辛加姆。辛加姆为了捉弄他,在王国内制造了多起混乱,令身为卫队长、负责维护王国治安的他倍感棘手却无能为力。由于办事不力,执政官威胁要将他以失职罪名处死。绝望的贾姆沙痛斥执政官素日里的腐败和不义,并将其刺死,而他自己也最终被山鲁亚尔判处死刑。辛加姆用幻术救出了他,并帮他易容,获得新生的贾姆沙改名为"阿卜杜拉"。

一般认为,在二元逻辑中非生即死,非死即生。我们很难认同一个人会成为一个"活死人"。作者在此打破了生死的二元逻辑,贾姆沙就是一个

---

① 《对马哈福兹的采访》,开罗《晚报》1988 年 10 月 15 日。

处在生死之间的奇幻状态的主人公。自从"被执行死刑",他就认为自己是一个被剥夺了"活着"权利的人。他总能看到自己的妻女,却无法与她们相认;他自称贾姆沙,却被大家嘲笑;每当他路过自己的旧宅,都能看到自己的头颅就挂在门口。在这里,作者有意模糊了生死之间的界限,解构了"死亡"这一文学作品最为关注的主题与现象。尽管如此,抽象的富有张力的写作反而使故事中的死亡书写独具一格,更能激发读者对死亡和生命内涵的无限思索。

不仅仅是主人公贾姆沙,小说中与死神狭路相逢的故事人物为数不少。例如批发商萨纳尼,他与贾姆沙同样遭受了精灵的捉弄。一位名叫高姆高姆的善精灵逼迫萨纳尼去刺杀腐败的执政官。萨纳尼明白自己无法与精灵的灵力对抗,同时也深谙刺杀执政官的可怕后果。他在绝望中意识到自己即将难逃一死,便在极度混乱和焦虑的身心状态中杀死了一个路上偶遇的无辜的姑娘,最终招致杀身之祸。相比贾姆沙和萨纳尼,法迪勒的遭遇则更加离奇。他一贯为人正直,是街坊邻里公认的善良青年。然而,恶精灵将一顶隐身帽赠予他,这顶神奇的帽子会令佩戴者在作恶时变为隐身状态。法迪勒从第一次偷了一点吃食开始,逐渐体会到体内被压抑的恶的种子不断萌发,最终犯下了可怕的罪行,迎接他的只有死亡。

在这些故事里,善与恶的身份在精灵的捉弄下本末倒置了。协助官商勾结、牟取暴利的卫队长变为行侠仗义的反政府斗士,老实守法的商人变为残害少女的恶魔,正直虔诚的青年变为受贪欲控制无法自拔的懦夫……这些人物不再具有本质的存在特征,他们在关键时刻做出的选择促成了自己的生命走向。这些故事中的人物以各种形式,在生命进程中"盲目地冲撞",在混乱中做出甚至是随机的选择,"他们的每一个动作又都跟死亡意识或生存紧迫感紧紧地连接在一起"。[①]与生死相应的,他们的品质和身份也随着近乎荒诞的事件的发生不断地被撕裂和解构,而其中的张力关系也许正是作者意图展示给读者的。

不仅如此,作者对死亡原因的描述也具有偶然性和随机性。例如不断反思自己残暴品性的山鲁亚尔,本不想将贾姆沙处死,然而贾姆沙在判决

---

① 赵凌河:《生命的终极之美与纯文学的艺术复仇——谈残雪后现代主义文学观的建构》,《当代作家评论》2012 年第 5 期。

之时表现出的大义凛然和无所畏惧刺痛了他的自尊，他认为"正是这样的无礼之举才让我想要杀了他"。从精神分析的角度看，这正是"自我"的死本能推动山鲁亚尔杀死另一个"自我"（即贾姆沙），从而完成潜意识中对于自毁的破坏性需求。作者通过巧妙的安排，使山鲁亚尔和贾姆沙"一体两面"的"自我"处在非生非死的张力状态之中。

无论是贾姆沙与阿卜杜拉形成的"非生非死"，抑或是山鲁亚尔和贾姆沙的"一体两面"，都不断引发读者的深思——究竟何为"活着"，何为生命与死亡。

一般来说，理性的书写"总是围绕着诸如真/假、确定的/隐喻的、实在的/虚构的等无数对立来构建自己。而第一项总是先于、支配第二项"。[1] 然而在后现代主义的创作中，作者对故事人物的生死境况不再通过理性进行审慎的安排和处理，而是使用模糊的笔调，呈现混乱的、随机的、偶然的死亡现象，有时甚至消除生死之间的二元对立关系，使人物徘徊在生死之间，从而形成一种生与死之间相互否定又相互构建的张力力场。

三 未知的世界——魔幻与现实的张力

《千夜之夜》的故事和人物大多取材于（或类似于）《一千零一夜》故事，与之相应，故事的时空背景从表面上看应该是某个阿拉伯古代王国。然而小说从始至终都笼罩在一种神秘的非历史的氛围之下，在魔幻与现实的边界徘徊。无论是故事中的人物，抑或是读者本身，似乎都无法对其中的幻象与现实做出非此即彼的区分。小说打破了物质与精神、现实与梦境之间的界限，将这些原本属于二元对立的事物通过人物的感知、回忆与对话联结起来，最终融为一体。

小说中，辛巴德一直能够接到来自未知世界的呼唤，他通过航海得以进入这个世界。在这个未知的世界里，有鲸鱼的脊背形成的岛屿，有可怕的食人族，有翱翔在无边无际天空的巨大鹏鸟……这些令人难以置信的处境，在作品中通过辛巴德的回忆和讲述展现出来，而他的听众却无人怀疑，读者读起来也感觉无比自然。

---

① 王治河：《后现代哲学思潮研究》（增补本），北京大学出版社，2006，第 145 页。

　　辛巴德的远行始于内心的召唤，未知世界对他来说，不仅是一次神奇的探险之旅，更是他对于自身精神世界的不断探索的象征。在物质文明不断发展的社会环境之中，"人们对精神领域的需求愈加强烈，人类复杂的精神境界愈来愈呈立体化的状态繁复地显现"，人们的追求"不再满足于精神活动的表面认知，而是对那片隐约感觉中的未知王国的建筑群落满怀好奇，开始潜入了那深藏在生命结构底层的灵魂城堡的探险"。[①] 在这个故事中，作者有意模糊了魔幻与现实、物质与精神的边界，通过瑰丽的想象，将碎片化和充满不确定性的世界展示在读者面前。

　　除了魔幻世界，小说还突出了对"梦境"的描述。无论是读者还是故事中的人物，都无法确认自己到底阅读（经历）的是什么，产生了一种如梦如幻的感知，那场景仿佛是梦境，又仿佛是现实。由此，小说将梦境作为对现实的补充，将梦境与现实紧密地结合在一起，模糊梦境与现实的边界，借用梦境空间拓展现实空间的局限。

　　国王山鲁亚尔误入神秘王国的故事是整部小说的最后一篇，它是作者对伊甸园典故的仿写，并将其置于梦境与现实的体验之间。文中写道，山鲁亚尔在自我放逐的过程中，偶然发现了一个如人间仙境一般的神秘王国。他被王国神秘的氛围所吸引，走进其中。他跳入了一处泉水中，意外地重新焕发了青春。在一位明艳动人的少女的引导下，山鲁亚尔见到了神秘王国的女王。女王就好像已经等待他千万年了，她请来者与自己共享爱情和王权。山鲁亚尔对眼前的一切感到不可思议，但他确认自己的感受是真实的。就这样，他在神秘王国里无忧无虑地生活了数百年，并认为自己已经获得了他所追求的终极幸福。他走遍了王国里的每个角落，然而有一处禁门一直难以窥见其中究竟，山鲁亚尔在好奇心的驱使下打开了禁门。令他意想不到的是，很快自己就被怪物高高提起而又放回到王国入口处，无论他怎么努力都无法再次进入，山鲁亚尔由此失去了他的神秘王国。

　　无独有偶，在小说中，恶精灵撒赫拉布特和扎尔玛芭哈为了捉弄俊美青年努尔丁和美丽少女郭娅佐德，施法将两个素未谋面的年轻人聚到一起，并为其举行了盛大的婚礼。新婚之夜过后，恶精灵又将两人分开，整件事

---

① 赵凌河：《生命的终极之美与纯文学的艺术复仇——谈残雪后现代主义文学观的建构》，《当代作家评论》2012 年第 5 期。

如同梦境一般。郭娅佐德一觉醒来，发现自己失去了贞操，而梦中的新郎
又无处可寻，倍感绝望；而努尔丁也因无处寻觅朝思暮想的"新娘"而愁
眉不展。在贾姆沙和山鲁亚尔的帮助下，最终两个年轻人得以重逢并喜结
连理。

从精神分析的角度看，梦境来源于人的深层意识，是人对存在境遇的
超验性想象，而通过这种想象，可以完成更加清晰、深刻的自我认识。正
是在这种意义上，作者在文中借死神之口说道："谁掌握了梦境，谁就掌握
了明天。"梦境书写是后现代文学作品中常见的组成部分，它给予作者充分
的自由，可以完全抛弃整体性、一贯性和逻辑性，形成一种碎片化、无中
心的叙事方式，将一些充满魔幻的、不完整的片段呈现在读者面前。这些
后现代特征消解了文本的意义中心，每一个独特的梦境都是意义的新的生
成。马哈福兹在创作中通过梦境与现实的富有张力的有机结合，在似真似
梦之间，构建了后现代主义的美学特征。

四　结语

美国批评家尼尔·露西（Niall Lucy）认为"后现代主义文学理论"本
身就属于浪漫主义批评传统。[①] 它是对现代主义的"逻各斯"中心的一种反
叛，同时也是对后工业时代社会现实的一种反映。马哈福兹对于后现代主
义创作技巧的运用，在整个阿拉伯世界具有引领和开创性的意义。关注阿
拉伯文学的研究者和读者都熟知，这位 20 世纪阿拉伯世界的文坛巨擘早年
毕业于开罗大学哲学系，有着非常深厚的人文素养和哲学积淀。同时，他
也是一位具有高度历史责任感的作家，对于时代进程中的文化发展以及人
类命运走向保持高度关注。因此，马哈福兹一贯密切关注世界文学的发展
趋势。在西方后现代主义文学蓬勃发展之际，他有感于这场文化思潮的雄
伟壮阔，并开始在此方面进行积极有益的尝试。《千夜之夜》就是在这一动
力驱动下，马哈福兹完成的一部晚年高峰之作。

尽管如此，我们依然要看到，阿拉伯社会整体并未进入后工业时代，
而文学则通常是源于现实的。正因如此，马哈福兹的创作更多是借用一些

---

① 　刘旭光：《理解后现代主义文论》，《陕西师范大学学报》（哲学社会科学版）2018 年第 1 期。

后现代主义的写作技巧和美学特征，表现他所关注的人性和社会问题。与此同时，他对于人类追寻生命意义的过程的展现，也非常适于采用一些后现代的伦理思想和叙事策略。[①] 但我们并不能由此认为这部小说是一部后现代主义的文学作品，而只能说它具有鲜明的后现代主义特征。在这一点上，小说《千夜之夜》的创作和意旨与西方后现代主义文学作品仍然有着显著区别。尽管如此，后现代主义所要追求的，便正是一种高度的思想和写作的自由，马哈福兹在这部小说中建立了反本质主义、反同一性的多元化架构，其中的各种张力关系表明作者对信仰和存在等问题有颇深的思考。尽管在作品之中，这些问题的答案都是开放性的、不确定的，但也由此丰富了作品的意旨，使读者能够更为深入地体验多元话语空间带来的艺术情趣和审美享受。

[①] 如前文所述，小说《千夜之夜》对生与死、幻与实等要素的解构，使得生命的意义早已难以寻觅。因此在这里我们只能说"对追寻生命意义的过程的展现"，而非"对生命意义的展现"。

阿卜杜·拉赫曼·穆尼夫的左翼思想及其对阿拉伯民族现代化的反思

黄嘉程*

【内容提要】穆尼夫是沙特裔叙利亚籍的著名小说家、政治家和经济学家，作为一位坚定支持社会主义的知识分子，穆尼夫以"人的解放"为使命，以实现自由和民主为目标，通过小说创作实践其政治理想。本文通过对穆尼夫个人政治参与及创作过程的梳理，结合其小说创作的内容和经历，呈现这位思想家对阿拉伯民族主义的深刻思考，并阐明其对阿拉伯民族现代化的看法与见解。这包括他对建立广阔文化阵线以应对巴勒斯坦问题的见解和论证，以及通过社会主义发展应对资本主义带来的相关问题的选择。

【关键词】阿卜杜·拉赫曼·穆尼夫　社会主义思想家　巴勒斯坦问题　阿拉伯民族现代化

一　前言

阿卜杜·拉赫曼·穆尼夫（عبد الرحمن منيف，1933~2004）是沙特裔叙利亚籍的著名文学家、政治家和经济学家。他不仅仅在阿拉伯小说界，在 20 世纪后半叶的阿拉伯政治思想领域也发挥着举足轻重的作用。

穆尼夫在阿拉伯世界是一位多产且思想先进的作家。穆尼夫共创

＊　黄嘉程，北京大学外国语学院阿拉伯语系 2021 级博士研究生。

作 12 部（合计 18 本）小说以及两部短篇小说集，[①] 最具影响力的作品是 1984~1989 年出版的《盐城》五部曲（خماسية مدن الملح），该作品被纳入阿拉伯作家协会评选的"20 世纪 105 部阿拉伯最佳中长篇小说"。

穆尼夫在 1989 年获得第二届阿维斯文学奖，在 1998 年第一届开罗论坛上获得小说创作奖。穆尼夫逝世后，2005 年 2 月第三届开罗论坛为其颁发"小说和历史"文学创作奖，以此表达阿拉伯文学界对这位已故作家及其作品的肯定。他的作品被列入欧洲和美国诸多大学的教学计划中，联合国教科文组织将他的作品翻译成近 20 种语言。[②] 国内知名学者仲跻昆评论道："阿卜杜·拉赫曼·穆尼夫是一位极其富有理想主义、民族热忱和政治责任感的作家。"[③] 世界知名阿拉伯语言和文学专家罗杰·艾伦（Roger Allen）认为穆尼夫"为阿拉伯现代小说做出了杰出贡献"。[④]

此外，他还创作了政治、经济和小说艺术评论类作品，[⑤] 其著作总数达到 30 余部。他的小说与评论类作品并不是互不相关的两种类型的作品，尽管穆尼夫在人生的不同时期在语言风格和表达方式的选择上并不相同，但

---

① 如果按照创作时期进行分类，穆尼夫的作品大致可以被分为两个时期：早期创作的中篇小说有《许愿树》（أم النذور，写于 1970 年，出版于 2005 年）、《树与马尔祖格的被害》（قصة حب مجوسية，الأشجار واغتيال مرزوق，1973 年）、《拜火教徒的爱情故事》（قصة حب مجوسية，1974 年）、《地中海以东》（شرق المتوسط，1975 年）、《当我们留下桥》（حين تركنا الجسر，1976 年）、《结局》（النهايات，1977 年）、《长跑竞赛》（سباق المسافات الطويلة，1979 年）；后期，穆尼夫的小说写作手法进入成熟阶段，小说篇幅也以长篇为主，如《盐城》五部曲（1984~1989 年）、《此时此地，又一次在地中海以东》（الآن... هنا أو شرق المتوسط مرة أخرى，1991 年）、《黑土地》三部曲（أرض السواد – من ثلاثة أجزاء，1999 年），这一时期的作品还包括自传体小说《城市传记——40 年代的安曼》（سيرة مدينة: عمان في الأربعينات，1994 年）以及他与好友杰卜拉·易卜拉欣·杰卜拉合著的《没有地图的世界》（عالم بلا خرائط，1982 年）。此外，还有学者整理了穆尼夫 1969~1970 年的短篇小说，并在 2006 年出版 2 部短篇小说集《借来的名字》（أسماء مستعارة）和《敞开的门》（الباب المفتوح）。以下出现对相关作品引用时，仅在引文末尾标注作品中文译文缩写和页码。

② محمد القشعمي، ترحال الطائر النبيل، دار الكنوز الأدبية، بيروت، الطبعة الأولى، ٢٠٠٢، ص. ٧٤. 以下注释若出自此书，则在引文后标注"（《迁徙》，页码）"。

③ 仲跻昆：《阿拉伯文学史》（第三卷），北京大学出版社，2020，第 255 页。

④ Roger Allen, "An Anthology of Arabic Literature: From the Classical to the Modern," *Middle Eastern Literatures*, Vol. 20, No.3, Taylor & Francis, 2017, p. 321.

⑤ 除以上小说作品之外，穆尼夫还著有众多评论类书籍，如《作家与流放地》（الكاتب والمنفى，1991 年）、《民主为首，民主永恒》（الديمقراطية أولا... الديمقراطية دائما，1992 年）、《文化与政治》（بين الثقافة والسياسة，1999 年）、《缺席之痛》（لوعة الغياب，2001 年）、《光之旅》（رحلة ضوء，2001 年）、《未来的记忆》（ذاكرة المستقبل，2001 年）、《伊拉克：历史与抵抗笔记》（عبد الرحمن منيف والعراق: إعادة رسم الخرائط，2003 年）、《重新刻画地图》（إعادة رسم الخرائط，2007 年整理后发表）等。以下出现对相关作品引用时，仅在引文末尾标注作品中文译文缩写和页码。

是基本思想从萌芽到成熟具有一致性，本文将从其过往的经历中窥见其政治观念和思想体系建立的过程，并对其最重要的观念进行阐述和总结。

二 穆尼夫的个人经历和思想建立过程

对于穆尼夫，贝鲁特美国大学教授、著名评论家马希尔·贾拉尔（ماهر جرار）如是评价："介绍阿卜杜·拉赫曼·穆尼夫教授是艰难的，因为他是一个很多面的人，具有不止一种阿拉伯血统，有来自纳季德的血统也有来自伊拉克的血统，其中还掺杂着麦地那家族血统；同样也很难简要介绍他种类繁多的作品，他的产出非常丰富。他在石油经济领域获得博士学位，作品颇丰……他是前党员[①]，阿拉伯小说革新者中的一位重要小说家，负责任的知识分子，兼具理论批判视角和日常生活视角，对统治机构做出严厉回应，其个人实践也一丝不苟。"[②]

穆尼夫虽以石油经济学家出道，却以文学名世。这位生于沙特的文人，后因故被剥夺沙特国籍，在叙利亚流寓期间归化入籍，但如果说他是叙利亚小说家，他的叙利亚人身份是后天获得的，他身体中流淌的是来自巴格达母亲和纳季德父亲的血液。他曾在采访时表示，"在家庭范围内，更加明显和完整的是巴格达的氛围，但是在家庭外面更多的则是纳季德的氛围，纳季德家庭成员的家庭数量远多于伊拉克家庭成员"（《伊拉克》，15）。他是最能够代表社会动荡和转型的阿拉伯作家之一，就像《地中海以东》中具有其个人形象投影的主人公拉杰布，他来自地中海以东这个边界模糊的地区，身上流着阿拉伯人的血，而不是某一宗教信仰者的血，更不是某一种族或是部落成员的血。穆尼夫，是以一个阿拉伯人的身份进行小说创作和批判的。

穆尼夫的从政和从文经历大致可以划分为三个阶段：1933~1954 年，早期政治思想萌芽；1955~1969 年，政治参与受到重创并尝试转型成为小说家；1970~2004 年，在流亡和辗转中成为对后世影响巨大的阿拉伯小说家。

---

① 此指前阿拉伯社会主义复兴党党员。

② عبد الرحمن منيف، ماهر جرار، عبد الرحمن منيف والعراق سيرة وذكريات، المركز الثقافي العربي للنشر والتوزيع، بيروت، الطبعة الأولى، ٢٠٠٢، ص.٩.
以下注释若出自此书，则在引文后标注"《伊拉克》，页码"。

　　穆尼夫 1933 年出生于约旦安曼，母亲来自伊拉克巴格达，父亲是沙特商人，来自沙特中部纳季德地区盖西姆省的古赛拜（قصيا）村。穆尼夫幼时在书塾学习《古兰经》，中学就读于安曼阿卜杜拉区，并获得高中文凭。1952 年，他前往伊拉克，在巴格达法律学院 ① 学习法律。1955 年《伊拉克和土耳其互助合作公约》（以下简称《巴格达条约》）签订，穆尼夫对此极不认同，并在 1955 年 2 月参加了反对《巴格达条约》的示威活动。

　　由于参与复兴党内部的左派政治活动，他与其他学生活动家一起被驱逐出伊拉克。穆尼夫前往埃及继续他的学术研究并于 1958 年从开罗大学毕业，同年他获得复兴党奖学金，前往南斯拉夫贝尔格莱德大学（University of Belgrade）继续深造并于 1961 年获得石油经济学博士学位，留学期间他受到马克思主义的影响，认为社会主义是未来社会的发展目标，但是由于他的民族主义倾向，他更愿意加入阿拉伯政党，因此他很早就加入了阿拉伯社会主义复兴党，并且逐渐成为领导人。毕业后，他返回黎巴嫩贝鲁特，在复兴党总部工作一年。

　　1962 年穆尼夫离开大马士革，一是因为党派的行为和其信奉的民族主义不符，二是因为他想要专心从事叙利亚石油公司的工作。1963 年他因批评当时的政权，被复兴党驱逐，且在国外因为护照过期被"顺势"剥夺沙特国籍，只能先在朋友的帮助下办理也门护照。1964 年，他在叙利亚石油部担任专家。1967 年第三次中东战争的失败，让穆尼夫对阿拉伯政权失望透顶并流露出不满。1969 年他收到时任伊拉克驻日本大使朋友的电话，被通知处境危险，因此他暂时前往东京避难，之后便下定决心开始进行文学创作并以此实现自己的政治理想。

　　穆尼夫于 1970 年开始写作小说，并于 1973 年发布了第一部小说《树与马尔祖格的被害》。他于 1973 年移居贝鲁特，在黎巴嫩《音信》（البلاغ）文化杂志社从事编辑工作，并于 1975 年黎巴嫩内战（1975~1990 年）爆发后离开贝鲁特，再次定居巴格达。他曾在石油输出国组织（OPEC）担任顾问，并在巴格达担任《石油与发展》（النفط والتنمية）的主编，直到 1981年。之后两伊战争（1980~1988 年）的爆发迫使穆尼夫离开伊拉克前往法

---

① 1908 年，巴格达法律学院成立，是巴格达大学的前身机构之一。作为该校的首个现代学院，它为 1957 年巴格达大学的正式成立奠定了基础，并在后来成为巴格达大学的核心组成部分。

国，在巴黎附近的布洛涅（Boulogne）居住，直到 1986 年，在法国期间他专心从事小说及经济、政治和自传等方面的创作，其间诞生了《盐城》五部曲，这部作品标志着穆尼夫小说创作的成熟。1986 年他移居叙利亚大马士革，并在那里定居，获得叙利亚国籍。在之后的日子里他致力于写作，直到 2004 年因为肾衰竭引起突发心脏病而死亡，长眠于大马士革达赫达公墓。

穆尼夫的一生颠沛流离，在政治生活中遭到多次重创，对其影响最深的应该是 20 世纪 50~60 年代的岁月。1952~1954 年，年轻的穆尼夫紧张有序地开展学习和政治工作，而 1955 年他遭受了人生第一次重创。1955 年，《巴格达条约》签订，伊拉克当局与埃及政府存在异心，以试图增强自己在本地区的势力为目的签署条约，开罗斥责努里政府此举是对阿拉伯主义的背叛。阿拉伯国家内部一分为二，穆尼夫参与游行抗议，被捕入狱并被驱逐出境。

之后，穆尼夫前往埃及，在开罗大学学习法律和经济。穆尼夫支持社会主义，但对于军事独裁等任何独裁的形式充满厌恶。1957 年末，纳赛尔提出"民主合作的社会主义"，[①] 但是，纳赛尔的社会主义思想吸取了南斯拉夫铁托社会主义和印度尼赫鲁社会主义的理论与实践经验，并在实践过程中演化为威权统治的政治合法性基础。[②] 为此，纳赛尔主义未能吸引穆尼夫。尽管复兴党和纳赛尔主义者之间保持着友谊，且复兴党人有权参加会议和庆典，但是这份权力是有所保留的，当时埃及政权想吸收复兴党成为自身的一部分，而复兴党人希望保持独立。

20 世纪 50 年代中后期，复兴党与纳赛尔开展合作，并最终促成 1958 年 2 月埃及与叙利亚合并为"阿拉伯联合共和国"（以下简称"阿联"）。1958 年穆尼夫回到巴格达短暂停留，在复兴党奖学金资助下前往南斯拉夫首都贝尔格莱德学习经济。留学期间，25 岁的穆尼夫对社会主义以及"南

---

① 韩志斌等：《阿拉伯社会主义国家治理的历史考察》，中国社会科学出版社，2019，第 192 页。
② 赵希：《阿弗拉克与纳赛尔的阿拉伯社会主义思想比较》，《阿拉伯世界研究》2020 年第 2 期，第 80 页。

斯拉夫经验"（التجربة اليوغوسلافية）[①] 有了初步认识。他认为南斯拉夫尝试具有苏菲主义的特点。"当时我个人是驻南斯拉夫组织的负责人，我们想要深入了解这一独特的尝试并向它学习，以从中获益。我们参观了工厂、工会和管理机构，我们观察其运行机制和群众互动。我们还和欧洲的阿拉伯学生建立关系并参加一些东欧和西欧国家的会议。"（《伊拉克》，29）

80 年代末，东欧剧变对包括穆尼夫在内的许多左派知识分子产生重大影响。在 2003 年的一次采访中，穆尼夫表示："我相信过去十年发生了很多改变：苏联阵营的崩溃以及之后一系列发生在中欧地区的改变，这一震动在世界上可能引起相似的回响。很遗憾的是，国家反对派并没有从这些改变中，或者世界基调的改变中获益，曾经平稳且稳定的事物不复存在。我看到伊拉克的反对派在国外遭受各种歪曲，并已经被迫投入情报组织和研究机构的怀抱，这些机构与资本主义国家的主要社交圈勾结，那里有赚钱的套路。"（《伊拉克》，44~45）

坚定支持社会主义的左翼思想家穆尼夫创作小说的初衷是政治参与，目标是在流放的状态中找到自我身份认知的支点，在边缘化的状态中寻得自由、民主和公正。在这个过程中，阿拉伯国家整体是穆尼夫无法清晰界定边界的祖国，但是这一"国家"在现代化进程中面临的各种内部和外部的问题，使得穆尼夫思考阿拉伯民族到底应该采取何种自我认知以及如何看待自身与西方的关系。

三　穆尼夫的阿拉伯民族主义和现代化思想

黄民兴教授在《20 世纪阿拉伯民族主义特点》一文中提出，阿拉伯民族主义从思想特征和政治实践上看是文化民族主义的类型，与国家民族主义、地区民族主义和教派之间存在复杂关系。他将二战后的阿拉伯民族主义划分为 7 大类型：君主制民族主义、阿拉伯社会主义、自由主义的共和制民族主义、保守的共和制民族主义、伊斯兰改革主义、激进的左翼民族主

---

① 二战后，铁托想建立一个以斯拉夫人为主的联邦国家，这个国家包括罗马尼亚和保加利亚。1946 年，"南斯拉夫联邦"更名为"南斯拉夫联邦人民共和国"，行联邦制，由塞尔维亚、克罗地亚、斯洛文尼亚、波斯尼亚 – 黑塞哥维那（波黑）、马其顿、黑山 6 个共和国组成。1963 年，又更名为南斯拉夫社会主义联邦共和国。

义、伊斯兰民族主义。如此复杂多样的民族主义形式，其产生的历史可以追溯到奥斯曼统治时期。在奥斯曼帝国统治时期（1517~1918 年），阿拉伯地区并未形成独立政治实体，而是被划分为若干行省（Vilayet）。以美索不达米亚地区为例，其行政建制包含巴格达、摩苏尔、巴士拉三个行省；而地中海东岸地区则归属叙利亚行省管辖，该地区涵盖现代约旦与巴勒斯坦所在范围。在这样的背景下，阿拉伯地区存在伊斯兰普世主义、部落家族主义、教派主义、街区的地方主义，但不存在民族主义。①

关于穆尼夫的民族主义观的阐述，我们先要界定穆尼夫眼中的民族主义概念。在他的定义中，"阿拉伯民族主义是历史的连接，将生活在世界这一隅的居民结合起来形成统一体，依靠语言、历史、心理特征和共同利益，它在现阶段是国家解放和文明变革运动，目标是统一人民群众和阶级，以实现土地和人的解放，依托自由、平等和公正建立起新的国内外关系，推动建立更好的世界"。②

在穆尼夫的观念中，民族主义不是血缘主义，因为它不以血缘为基础，每一个生活在这块地方的人和土地之间都建立了联结。民族主义不是（宗教、政治）狂热主义，而是将其他人民视作平等的人类，以合作为相处的目标。民族主义不是种族主义，不会寻找自身比他人优越的地方，而是将人类看作一个集体，共同进步和富裕。"因此，民族主义是归属而不是强加，这种意愿来自语言、历史、心理状态和共同利益因素，这些因素构成该地区的人民，与此同时，赋予其区分于其他民族/人民的特点。"（《民主》，89）

在《盐城》五部曲后创作的《黑土地》三部曲呈现了更为复杂的民族构成成分，如什叶派宗教团体、犹太人、南方部落、库尔德人等，在穆尼夫看来，这些团体之间真正产生分歧的并不是宗教、种族或是部落本身，而是在语言、历史、心理状态或是共同利益上缺乏一致性或彼此的认可。穆尼夫认为，达乌德帕夏是一个符合本土文化且有想法、有计划的人，但最终失败是因为国内多派别造成的混乱；军事贵族占统治阶级的大半；部落和城市具有巨大差别，首先表现在经济上（《伊拉克》，138）。因此穆

---

① 黄民兴：《20 世纪阿拉伯民族主义的特点》，《亚非论坛》2001 年第 3 期，第 13~18 页。
② عبد الرحمن منيف، الديمقراطية أول ...الديمقراطية دائما، دار التنوير للطباعة والنشر والتوزيع، بيروت، الطبعة السادسة، ٢٠١٤، ص٨٨.
以下注释若出自此书，则在引文后标注"《民主》，页码"。

尼夫希望各个集团之间能够从历史中吸取教训，对当下共同的目标做出判断。

在探索阿拉伯世界现代化道路的过程中，穆尼夫必须直面传统与现代的辩证关系。这一历史命题的核心在于：如何在解殖语境下构建既植根本土文化又能适应现代国家建构的意识形态框架。从奥斯曼帝国解体后到后殖民时代，阿拉伯知识分子始终在宗教传统与世俗民族主义之间寻求平衡。

在阿拉伯地区，宗教影响力往往通过渗入习俗和习惯与阿拉伯民族的归属感联系在一起。如在《黑土地》三部曲和《盐城》五部曲中，人们在亲人去世 40 天的时候要举行隆重的悼念仪式，这一传统来自侯赛因的遇难，人们在仪式上会自发地沉浸在悲痛之中。人的归属来源于共同的记忆，国家文化深植于想象和信仰。"阿拉伯民族主义和伊斯兰的关系是最为交织且复杂的，这种关系与任何宗教和民族主义之间的信仰都不同，因为大多数在西方形成并且建立起民族国家的民族主义，往往是在反对教堂的阴影，但是这种斗争并不存在于阿拉伯民族主义和伊斯兰之间，甚至伊斯兰在特定时间和特定地点是对这种民族主义的保证，因此模糊性就产生了。在宗教号召和民族主义号召之间的斗争被推后或者掩盖，是因为两者之间的界限并不清晰可感，这一问题将一直存在，如果不用客观和理性去对待，它会是危险的。"（《民主》，96）极端状况下，就如韦尔什在《历史的回归》中所描述的那样，群众痛苦的心理状态加上期待与社会回应之间的反差会导致他们对"伊斯兰国"提供的"英雄主义"和臭名昭著的形象持开放态度。①

在穆尼夫的概括中，在伊斯兰阿拉伯复兴之初，阿拉伯就和伊斯兰捆绑在一起，直到阿拔斯王朝早期也是如此。但是随着社会的变迁，游牧社会变为农业社会，再到贸易社会，阿拉伯 - 伊斯兰的捆绑使社会无法在权力和经济框架中达到更高的等级。另外，阿语是宗教的语言，是文化交流的语言，也是穆斯林之间交流的语言。"伊斯兰对阿拉伯化的影响是作为文化、价值和理解生活及关系的方式，而阿拉伯化对伊斯兰的影响比任何民族主义对宗教的影响都深刻。"（《民主》，96）伊斯兰 - 阿拉伯一开始就

---

① 〔加拿大〕珍妮弗·韦尔什：《历史的回归：21 世纪的冲突、迁徙和地缘政治》，鲁力译，南京大学出版社，2020，第 63~81 页。

是一种生活方式。伊斯兰是人民的宗教，面对西方殖民对当地物质和精神的打击，宗教对地区的穆斯林和基督徒特别是对信仰宗教的穷人而言，是慰藉。

穆尼夫并不反对伊斯兰在阿拉伯文化认同中占据重要地位，他警惕的是伊斯兰主义对民族政治、经济等领域发展的牵制。在穆尼夫看来，"宗教政治活动有着反动的狂热立场"（《民主》，99），这些活动要求人们回到一种基于种族的社会组织中，对于当代发展提出的问题并无答案。而这些宗教运动的力量来自其他运动的无力，而不是因为它能够满足大众对政治和经济的要求。

对如何建立当代国家这个问题，穆尼夫的答案是"世俗化"。"世俗化，是将宗教和国家分开，而不是两者间的仇视，这是建立国家以及建立国民与国家关系的核心基础，减少对他们的宗教或者教派归属的考虑。"（《民主》，99）然而在殖民或者新型殖民的影响下，阿拉伯国家的世俗化并没有清晰的、可持续的道路选择，要锚定未来符合阿拉伯文化认知的道路，需要发挥文化遗产的作用，"应该将历史看为民族的记忆，如果可以，从过去的经验中学习并用过去的记忆服务将来，而不是幻想历史重新来过或是事件本身可以重复"（《民主》，102）。

面对阿拉伯社会中各种不同的社会团体、势力和阶级，穆尼夫的应对途径是"理性"，是"对分析阿拉伯现状及其特点的批判性意识"（《民主》，106）。穆尼夫特别指出要看到石油对社会结构和政治结构的影响力，阿拉伯民族并不能依靠欧洲模式走向成功，而需要依靠大众形成有效的发展阵线，"国家和人民的进步是分不开的"。[①]

四　建立广阔文化阵线应对巴勒斯坦问题

20世纪60年代，去殖民化进程不断推进，民族国家不断涌现。80年代，随着南欧国家以及拉丁美洲一些国家专制政权的民主化，民主开始了第三波进程。虽然民主看似回归，但是中东内战不断。

---

① 以 下 注 عبد الرحمن منيف، الكاتب والمنفى، المركز الثقافي العربي للنشر والتوزيع، بيروت، الطبعة الرابعة، ٢٠٠٧. ص. ٢٧٢.
释若出自此书，则在引文后标注 "《流放地》，页码"。

在安德森看来，政治秩序的建立首先基于想象的共同体，这种想象能够在人们心中召唤起强烈的历史宿命感，凭借想象的共同体的凝聚力，巨大的现实效应都存在被实现的可能性。这个想象的共同体即"民族"。"从一开始，'民族'的想象就和种种个人无可选择的事物，如出生地、肤色等密不可分。"①

土地、故乡、家园、祖国等概念在穆尼夫的小说中反复出现，并没有边境概念，但是穆尼夫对土地本身的执着是不容忽视的。在每个阿拉伯人对民族的构想中，最沉重的打击便是巴勒斯坦这片土地的丢失。

以色列建国导致70万巴勒斯坦人逃往邻国，开启了世界上历史最长的难民危机。难民数量高达6500万人，其中4080万人属于国内流离失所者（internally displaced persons，IDP），他们被迫流亡，但仍在自己的祖国生活；其他大约2500万流离失所的难民跨越边境，去别的国家生活。②

穆尼夫在自传体小说《城市传记》和《缺席之痛》《光之旅》《未来的记忆》等多部评论类著作中都谈及自己和巴勒斯坦作家、政治家的友谊，评述巴勒斯坦作家作品对自身的影响力，参与达尔维什有关"东方学"、东方与西方的讨论，③ 后者为其写著悼文。他与杰卜拉一同创作《没有地图的世界》，两个不同国籍的作家一起创作同一部作品，这种现象就算不是绝无仅有，也相当罕见。④ 在小说中，两位作家希望探讨的主要问题之一就是巴勒斯坦问题。

穆尼夫表示："1948~1982年发生的是一系列失败。直到现在我们阿拉伯人还没有完全诚实地面对这一问题，特别是我们的政府。"（《流放地》，134~135）大部分时候，被归咎的"其他人"已经消失、远去，或者覆灭或者已经没有自己的声音（《迁徙》，55）。

穆尼夫将巴勒斯坦问题放在"文化"视角下看待，提出要正视文化的能力，"文化代表任何民族的人民坚韧和持续的能力的底线和真实深

---

① 〔美〕本尼迪克特·安德森：《想象的共同体：民族主义的起源与散布》，吴叡人译，上海世纪出版集团，2005，第12页。
② 〔加拿大〕珍妮弗·韦尔什：《历史的回归：21世纪的冲突、迁徙和地缘政治》，鲁力译，南京大学出版社，2020，第109页。
③ عبد الرحمن منيف، بين الثقافة والسياسة ، المركز الثقافي العربي للنشر والتوزيع، بيروت، الطبعة الثانية، ٢٠٠٢، ص٠١٢. 下以 注释若出自此书，则在引文后标注《文化》，页码"。
④ قصة «عالم بلا خرائط» الرواية المشتركة بين جبرا ومنيف، تاريخ النشر: ٢٠١٧/٥/٢٠، تاريخ الزيارة: ٢٠٢٠/١١/١١. https://www.alquds.co.uk/%ef%bb%bf قصة-عالم-بلا-خرائط-الرواية-المشتركة.

度……民族 / 国家文化的核心是对时代和现实的历史认知，真正明白错误和挑战，从中我们能够读懂未来的思想和希望"（《文化》，22）。

在巴黎的时候，穆尼夫撰写了《通向广阔的文化阵线》一文，呼吁建立广阔的文化阵线，清除自 1948 年失败以来长期困扰阿拉伯世界的失败主义影响（《迁徙》，54）。穆尼夫不希望阿拉伯地区被"他者"殖民语境摆布，但是也不希望阿拉伯人自己对 1948 年、1967 年、1973 年三次中东战争和 1982 年贝鲁特战争的失败进行合理化解释，他希望阿拉伯人能够有勇气承认自己的过失，建立更广阔的阵线，用更宽广的视野看待自己和"他者"的关系。

在穆尼夫眼中，以色列和中东地区的关系绝非一个国家和其他国家的关系，它有自己的野心，它希望能够在经济、政治和军事上都占主导地位，为了确保自身的统治，它需要"成为最强的并且成为典范"（《民主》，68）。穆尼夫指出，在过去 30 年间，①以色列在地区安排自己的兵力，且和帝国主义者签订全面、细致协调的协议，它知道尽管过去依靠自身和美国军事力量可能奏效，但这种做法在未来难以为继，因此必须依靠军事力量以外的力量和条件，即泛化以色列典范，使其成为中心。以色列是"中东地区真正的赌徒：要么以色列改变，要么地区改变，即要么以色列自身变成新模式，成为一个能够与周边敌对环境共存的新型国家或者消失，要么整个地区格局发生转变，特别是以色列周边国家逐渐接受并适应以色列现有的存在模式。因此，所谓的阿拉伯新'理性主义'——呼吁适度和谅解来结束这一具有破坏性的、危险的且让地区精疲力竭的争斗，这种'理性主义'不明白斗争的真正本质，或者说它是以一种形式或另一种形式为在阿拉伯地区而不是以色列引起设想的改变做铺垫"（《民主》，69~70）。

应对以色列的野心，阿拉伯地区需要发挥文化的作用，而为了能够发挥文化的作用，需要消除政治镇压将知识分子和政治发展割裂的局面，国家和政党的建立需要文化的宣传和支撑，但是这种模式不是过去战争中贝都因诗人扮演的矜夸或攻讦（《文化》，58），而是在政治、经济和社会以及文化上都进行自我批判，继而是思想和政治上的自由，这是形成广阔的文化阵线的条件。在群众层面和政治力量上，最基础的两条口号就是：民

---

① 当时为 1983 年。

主和广阔的民族 / 国家阵线（《迁徙》，57~58）。在小说中，穆尼夫的实践是为边缘群体提供表达空间，支持其历史文化认同的探索，即"领悟过去才能更好地指导未来，要尽可能地吸取过去的经验教训"（《城市的记忆》，224）。

五　选择社会主义发展，应对资本主义

20 世纪 60 年代，共产主义阵营和第三世界的民族解放运动形成呼应。然而，1991 年 12 月 26 日苏联解体，弗朗西斯·福山写了著名的《历史的终结》，穆尼夫落笔《黑土地》第一部。

最初社会主义实践对穆尼夫具有很大的吸引力。苏联的社会主义实践不仅对自身的行为、方式产生了深刻影响，而且影响了全世界的社会主义运动，也影响了第三世界的很多国家，这些国家依赖一党制政权并且认为国有化是唯一的社会主义方式（《文化》，78~79）。在特定阶段，我们可以看到苏联的风格和特征占主导，东欧各国处在中心影响之下（《文化》，80）。社会主义并没有错，但是苏联的社会主义缺少民主——人民的真正参与，这让很多人以为社会主义和民主之间是对立的关系，以为只有中央集权这一种方式才能够调和两者，这对民主的建设来说是一种偏狭的见解（《文化》，82）。

对于苏联解体，穆尼夫认为这一体系内部最大的缺陷是"党派和国家内部民主的缺失，以及对群众的不信任"（《文化》，88）。苏联在军备竞赛中，军备方面的花销以经济发展为代价（《文化》，91）。戈尔巴乔夫的改革为资本主义对社会主义的攻击提供了可乘之机。苏联解体对第三世界乃至全世界都是损失（《文化》，97）。

苏联解体之后，西方政策的核心是在第三世界制造一种混乱的状态，确切地说是在阿拉伯地区。因此他们借机建立混合政权，并使阿拉伯地区在内部形成仇恨和竞争，成为该地区一些国家的"保护者"，而他们则保持集体的权威和仲裁。西方还有意制造话题热度，保证自己在武器供应、解决冲突方面被迫切需要。某些西方国家惯于激化种族和宗教矛盾，并将其作为政治施压的手段。在推动所谓"民主转型"过程中，西方倡导的发展模式往往脱离实际，更多是作为一种外交筹码而非真诚帮助。这种做法的

实质是推行形式化的民主改造，继而通过制造动荡来维护自身利益（《文化》，98~99）。

穆尼夫曾被问及《黑土地》三部曲是否在揭露强势入侵伊拉克的新型殖民有多么可怕。他回答说："我相信这一趋势将不攻自破，也许如今美国的占领是最愚蠢的占领，这种占领基于对包括伊拉克在内的他者的幻想。英国在世纪初对伊拉克的占领遇到巨大的困难，我们不能忘记它是在相当长的时间内驻足的，而且是通过渗透的方式而不是进攻的方式，英国将自身与这片土地上的物质利益和存在的势力网络联结。完成巴士拉港和印度的连接，也许当时巴士拉和印度的关系要比它与巴格达的关系紧密。英国人由于长期的殖民历史，积累了丰富的'治理经验'。相比之下，美国人对他人的反馈表现出傲慢或恐惧，甚至不加思考就采取行动，这使得他们的决策有时像在黑暗中摸索，缺乏对自身行为后果的充分规划和约束。而伊拉克人则容易冲动，他们的反应往往激烈而迅速——局势可能在短短几小时内彻底改变，无论你之前多么熟悉或信任它，它都可能像一场突如其来的风暴，瞬间颠覆一切。"（《伊拉克》，43~44）

法国大革命时期宣扬的"民主"和"人权"，本就是为殖民本质做掩护的话术；到以美国为代表的资本主义盛行时期，这种矛盾表现得更加赤裸裸——口号与现实的割裂日益深化。福山的观点并非纯粹的胜利主义论调，而是夹杂着对历史终结的忧郁：他预见的"后历史时代"虽终结了意识形态之争，却也消解了人类曾为理想奋战的史诗性。这一矛盾恰恰呼应了珍妮弗·韦尔什在《历史的回归》中的分析：福山所缅怀的"史诗般的奋斗"，那种塑造历史并培育勇气与理想主义的时代精神，最终被官僚主义的僵化和消费主义的琐碎所取代。① 这种取代并非进步，而是一种精神上的退化——当民主话语沦为殖民的遮羞布，当资本主义将理想主义异化为消费符号，福山的忧郁实则揭示了现代性承诺的破产。

穆尼夫是坚定支持社会主义的知识分子，在穆尼夫看来，"社会公平思想，在第三世界，特别是阿拉伯世界，是刻不容缓的问题"（《文化》，106）。在苏联解体之后，他重新审视历史，考虑一个基本问题："在一战之

---

① 〔加拿大〕珍妮弗·韦尔什：《历史的回归:21 世纪的冲突、迁徙和地缘政治》，鲁力译，南京大学出版社，2020，第 35 页。

后，即西方殖民势力大举进入阿拉伯国家到现在，阿拉伯国家到底实践何种体系？谁实践了这种体系，结果如何？"（《文化》，100）

对此，他的观点是，阿拉伯国家的发展模式与科学社会主义的理念存在一定差异。这些国家在探索发展道路过程中，可能受到历史传统和现实条件的制约，出现了官僚主义、权力集中等现象。

穆尼夫支持社会主义，但同时也看到苏联发展的不足，他说："撒狄格·加莱勒·阿兹姆在《捍卫唯物主义和历史》（صادق جلال العظم – دفاعا عن المادية والتاريخ）一书中有很多观点捍卫了社会主义，深刻阐明了社会主义代表人类未来发展方向的历史必然性。所以我相信面对西方的叫嚣不能妥协。不能因为资本主义制造的恐慌而动摇，因为失败而退缩。我们必须拥有批判的力量和未来的观点。"（《流放地》，274）

穆尼夫提出："真正的社会主义，它的基本目标是：公正公平、阻止剥削、结束偏见、超越落后，捍卫人的尊严和自由，为个人在生活中实践权利并展现最好的自身提供最好的机会。社会主义也是人民对独立和彼此充分自由交互的热切，没有被迫也没有依赖，他们有权管理自身事务、决定自身命运，没有强制和压迫。它为信仰和实践提供相等的机会、充分的物质和心理条件。社会主义的最终目标是实现全体人民共同享有美好生活，同时尊重自然规律、保护生态环境，确保子孙后代的可持续发展权利不受侵害。"（《文化》，103~104）

在社会文化层面，"流放"这种生存状态日益成为二战后阿拉伯地区乃至整个世界越来越广泛存在的状态，二战后人口的迁移带来了文化上的联动，打破了文化壁垒，同时也带来了流动、不稳定与转换中的文化身份，在人的思想意识与认识层面加入了一个充满混淆与无方向感的空间。

苏珊·伊尔坎在《渴望归属：文化政治的和解》中指出："在全球化时代，经济的快速发展和转型为不同文化之间的交流提供了更多渠道，但同时也导致文化定位的模糊与迷失。"[1]对于这个问题，长期居住在法国的阿尔及利亚"黑脚"[2]阿尔贝·加缪提供了一个新的思路，在《加缪文集2——

---

[1]　Suzan Ilcan, *Longing in Belonging: The Cultural Politics of Settlement*, Westport: Greenwood Press, 2002, p.1.

[2]　Pied-Noir（法语，直译为"黑脚"）特指 1830~1962 年法国对北非进行殖民统治时期，定居在北非的欧洲裔居民（主要为法国、西班牙、意大利等南欧移民的后裔）。

堕落·流放与王国》中他塑造了一个为名所累而将自己反锁在黑暗阁楼的画家约拿,借他之口喊道:"许多艺术家都是这样。他们对生存没有信心,甚至包括最伟大的艺术家。于是,他们就寻找证据,就评判,就谴责。这样能给他们力量,这是生存的开始。他们孤独!"① 也许正如加缪在书中展现的那样,身份的不确定、空白和断裂产生的孤独本身蕴藏在个人生存和行动的自由之中,"流放以它自己的方式向我们指明各条道路"。② 加缪的想法和穆尼夫"广阔的文化阵线"不谋而合,孤独和归属可以并存,文化身份的独特性与文化的交融并不矛盾。所谓归属感是指人们需要适合及稳定的家庭、社会和团体间的联系,而文化将不同社会群体的生存规则编纂在一起,③ 公平公正,结束偏见。

六　结语

总体上,穆尼夫对阿拉伯民族现代化进程的文学政治观可以归纳为"三不三要"。"三不"可以概括如下。一是不要沉湎于过去的荣耀。这包括三个方面,第一,思想上,不要沉湎于过去的光辉,盲目认为阿拉伯人是最强大的民族;第二,文学中,不要让攻讦、矜夸等形式再现,这些形式已经不再适应当代的文学创作环境;第三,政治环境上,阿拉伯国家都是经历过殖民、整合等阶段的新型国家,不再是当年统一的大帝国,不同团体的利益都需要被纳入政治权利的考量。二是不要让宗教介入政治体制的建设,应当政教分离。三是不要内斗,阿拉伯各国之间应当建立公平、公开的对话平台。"三要"包括以下三个方面。一是要尊重历史发展的规律。要实现现代化,先要在经济合作和文化交流上打开格局。二是要形成统一的文化身份认知。影响身份认知的因素包括语言、宗教、共同经历等多方面,因此需要铭记历史,和故土产生联结。三是要坚定走社会主义路线,看清资本主义对媒体等文化空间的控制。对于纷繁复杂的信息,阿拉伯人

---

① 〔法〕阿尔贝·加缪:《加缪文集2——堕落·流放与王国》,郭宏安译,译林出版社,2011,第345页。

② 〔法〕罗歇·格勒尼埃:《阳光与阴影——阿尔贝·加缪传》,顾嘉琛译,北京大学出版社,1997,第223页。

③ Susan T. Fiske, *Social Beings: A Core Motives Approach to Social Psychology*, Hoboken: John Wiley& Sons, 2003, p.16.

要有自己理性客观的判断，如在书籍翻译方面要形成自己的判断。

在穆尼夫看来，资本主义盛行的年代，更多的人被边缘化，边缘化状态下的人成为主体。"媒体可以在群众中形成信念、想法和立场"（《文化》，69），可以建立彼此之间的联结，但是随着资本渗入网络空间，人们可能坠入信息茧房，感到更深刻的孤独。此外，被中心权力控制的媒体可能加速偏见和仇恨的扩散，"9·11"事件后，穆尼夫发表了一系列相关评论。他预测："英雄主义、恐怖主义、原教旨主义，这是阿拉伯人 2015 年的形象。"[1]事实上，即便是今天，这一偏见依然深植于很多人脑中。"与所有那些被赋予诸如落后、堕落、不开化和迟缓这些名称的民族一样，东方人是在一个生物决定论和道德 – 政治劝谕的结构框架中被加以审视的。"[2]

应对权力对媒体和话语体系的控制，穆尼夫给出了自己的解决方案——建立广阔的文化阵线，在他看来，"知识分子和媒体人不可在重要性上进行区分，两者作用不同，媒体反映当下的事实，文化创造更好的事实。……文化和意义、信念、未来的观念相连，是共同努力的结果"（《文化》，74）。他希望不同的文化之间可以相互学习、借鉴，而不是互相贬损、误解，这一观念和当今的"文化共同体"理念不谋而合。"文化是一条流动的河流。它唯一的确定性就是它的变化。"[3]穆尼夫一生流亡，处在不确定的状态之中，但这正是他所处的年代和空间的最真实写照，他是一个见证者，也是一个与不公做斗争的边缘人。穆尼夫在《缺席之痛》中为逝去的文人作赋，他认为"缺席""就像是日落时刻，但在每个日落和夜晚之后，太阳总会再次东升，让人间充满光明"。[4]穆尼夫如今也"缺席"了，但是他一直活在人们心中，他的文字简洁有力，常读常新，总能给人们等待旭日东升的勇气。

---

[1] عبد الرحمن منيف، إعادة رسم الخرائط، بيروت، المؤسسة العربية للدراسات والنشر، الطبعة الأولى، ٢٠٠٧، ص. ٩٣.

[2] 〔美〕爱德华・W.萨义德：《东方学》，王宇根译，生活・读书・新知三联书店，2019，第273 页。

[3] عبد الرحمن منيف، ذاكرة المستقبل، دار التنوير للطباعة والنشر والتوزيع، بيروت، الطبعة الثالثة، ٢٠١٢ ص. ٧.

[4] عبد الرحمن منيف، لوعة الغياب، المركز الثقافي العربي للنشر والتوزيع، بيروت، الطبعة الرابعة، ٢٠٠٧، ص. ٢١.

无声和虚构:《瞎子辛巴达：海洋与战争的地图》中阿拉伯女性写作与女性经验建构

【内容提要】科威特女作家布赛娜·伊萨 2021 年出版的《瞎子辛巴达：海洋与战争的地图》，将战争、瘟疫等宏大背景纳入阿拉伯女性写作，同时也将女性经验融入科威特历史。本文探讨了文本内外的女性写作，揭示了多重凝视和囚禁下女性声音难以发出的原因，分析了建构于无声中的同性情谊和女性经验，认为作者以选择性的无声和让步性的虚构对男性中心主义发起柔和解构，小说体现的弱化性别对立、重构女性性别身份的态度，从一个侧面反映了当代阿拉伯女性主义特征。

【关键词】科威特文学　阿拉伯女性主义　布赛娜·伊萨　女性写作　女性经验

布赛娜·伊萨（Buthayna al-ʿĪsa）生于 1982 年，是科威特当代著名女作家、社会活动家，曾获科威特国家鼓励奖（2005~2006 年）、阿联酋沙迦女性创新小说奖（2021 年）。除专注小说创作外，她还涉猎出版行业，在科威特创办 Takween 图书馆及图书出版公司。伊萨创作的小说《瞎子辛巴达：海洋与战争的地图》（al-Sindbād al-ʾaʿmā: aṭlas al-baḥr wa-l-ḥarb）以小女孩穆娜伊尔成年后的第一人称叙述了 1990 年海湾战争爆发到 2020 年新

---

* 王安琪，北京外国语大学和圣安德鲁斯大学联合培养博士研究生，研究方向为阿拉伯当代文学。

冠疫情暴发 30 年间一个科威特家庭的伦理故事，并将女性经验融贯其中。小说呈现的阿拉伯女性话语的风格与西方女性主义写作尖锐而决绝的风格相异，这或许表明一些阿拉伯女性作家虽然也期望打破男性意识形态的宰制，但她们更倾向于温和地对待男性，像埃及女性主义者纳瓦勒·赛阿达维（Nawāl al-Saʿdāwī, 1931~2021）这样激进的女性主义者毕竟只占少数。究其原因，一方面，在宗教主导的文化语境中，女性被视为男性的臣属和依附者，在生活中被认为离不开男性，所以"她们不希望把自己作为'第二性'与另一性别隔离开来，把自己孤立起来，而是期望得到男性的理解，让男性接受以往被遮蔽的女性内在意识及其价值体系"。[①] 另一方面，阿拉伯国家尤其是海湾六国严苛的审查制度让女作家成为被凝视者，很容易因自己的出版物而陷入困境，甚至身陷囹圄。或许是出于这些原因，伊萨在《瞎子辛巴达：海洋与战争的地图》中让女性叙述者以柔和却坚韧的第一人称讲述了这个科威特家庭的伦理故事。

女性主义小说在书写女性经验时，常见的创作路径是描写女性人物复杂的情感经历以及在其中逐渐形成的性别意识和身份认同，但仅仅考察小说中单一女性的情感经历，很难析出丰富的女性经验。因此，作者通过描写女性写作、女性之间的互动，以同性情谊叠加战争、瘟疫等时代参照系，呈现多维度的女性经验。这部小说的独特之处在于它由女性叙述者将女性写作和女性同性情谊置于历史语境中，形成了一种深入生活肌理的东方女性经验，发出了对父权文化霸权的质疑，从一个侧面反映出当代阿拉伯女性主义、女性主义文学的特色。

一 出于自在需求的女性写作

写作是女性擅长的领域，法国作家埃莱娜·西苏（Hélène Cixous, 1937~）将女性写作和母性相联系，认为女性写作是向母性和前俄狄浦斯阶段的一种回归。写作赋予女性一种与母性相连的安全感，"让她们不再因为距离和分别而受伤和失去力量"。[②] 弗吉尼亚·伍尔夫（Adeline Virginia

---

① 林丰民:《阿拉伯的女性话语与妇女写作——兼论其与西方妇女文学观的异同》,《外国文学研究》2000 年第 3 期, 第 121 页。

② Hélène Cixous, *The Helene Cixous Reader*, ed., Susan Sellers, London: Routledge, 1994, p. 117.

Woolf, 1882~1941）认为女性热烈地追求写作艺术，其文字透露蓬勃的生命本质和对生命的关怀。[①]《瞎子辛巴达：海洋与战争的地图》讲述了一个战争年代关于凶杀和创伤的故事，娜迪娅因私下会见她与丈夫纳瓦夫的好友阿米尔被丈夫发现，而被丈夫当着女儿的面砍死，给女儿穆娜伊尔留下了终生阴影。娜迪娅生前一直渴望写作却未能实现，她的女儿穆娜伊尔最终完成了一部作品，两人的写作动因是什么？穆娜伊尔又为何在成年后写出了这样一个故事？她的写作是否是母亲写作心愿的延续和实现？

娜迪娅的家人和朋友都知道她生前有写小说的打算，但整个故事是以穆娜伊尔的视角讲述的，而她和母亲共度的时光并不长，无从得知母亲相对私密的生活和心理活动。依据穆娜伊尔的回忆和想象可知，娜迪娅在学生时代自主恋爱的对象是阿米尔，她之所以后来嫁给纳瓦夫，是因为阿米尔在爱上娜迪娅后，阿米尔的父亲对他们的感情不予认可。阿米尔自知自己无法和娜迪娅结婚，不愿让她无尽地等待，便将她介绍给自己的好友纳瓦夫，[②]在男性中心主义思维影响下的阿米尔替毫不知情的娜迪娅做出了决定其命运的重大选择。娜迪娅计划创作的小说带有强烈的自传性：一个女人嫁给了一个只按自己的方式爱她却毫不顾及她感受的男人后，久而久之她甚至已经不知道真正想要什么了（《辛》，28）。那么，她的写作动机可能是记录生活，或是通过写作挖掘过往人生晦暗的角落以寻回和重构自我。"叙述是一种安慰的来源：失去的东西是我们不安的原因，象征着某些内在的无意识的丢失……而发现它们安全地回到适当的位置总觉得非常愉快。"[③]因此，娜迪娅的写作动机无论是哪一种，都清晰地讲述着她作为一名无法主宰自己命运的女性渴望通过写作寻回失去的东西，从而获得安慰乃至救赎。

娜迪娅的女儿穆娜伊尔多年后将她们一家人的故事写了下来，送给失去弟弟阿米尔的法特梅，这是否是对母亲遗憾的弥补和心愿的延续？恐怕不是。穆娜伊尔在叙述的过程中，将目光均等地给到了终生无视她的父亲纳瓦夫、始终与父亲立场一致的奶奶、失踪的阿米尔、先是婶婶后是婆婆

---

① 〔英〕弗吉尼亚·伍尔夫：《女性的职业》，马爱农等译，人民文学出版社，2011，第328页。
② بثينة العيسى، السندباد الأعمى: أطلس البحر والحرب. الكويت: منشورات التكوين، عام ١٢٠٢م، صفحة ٥٣-٦٣. 下 文中，小说《瞎子辛巴达：海洋和战争的地图》的引文将随文标出该著题目首字"辛"和引文页码，不再单独做注。
③ 〔英〕泰瑞·伊格尔顿：《当代西方文学理论》，王逢振译，中国社会科学出版社，1988，第267页。

的胡达、先是表哥后是前夫的法瓦兹等人物。她在尽力还原一个相对完整的家庭伦理故事，这和娜迪娅聚焦私人关系写作主题显然不同。至于写作动机，穆娜伊尔和娜迪娅虽然都是出于主体的需求和渴望，但穆娜伊尔的写作更接近创伤后的自我疗愈。弗洛伊德将"创伤"定义为一种在短时期内使心灵受到最高等级的刺激，且使心灵有效的能力分配受到永久扰乱的经验。[①] 在新的研究中，创伤被描述为"在突然或灾难性事件中经历的一种压倒性体验，其对事件的反应往往表现为延迟反应、无法控制地重复幻觉和其他入侵性现象"。[②] 穆娜伊尔在目睹母亲被父亲杀害之后就变成了父亲眼里不存在的小孩，父亲出狱回家时，同每一位家人寒暄，却略过努力增强存在感的穆娜伊尔（《辛》，93）。奶奶和婶婶竭力销毁与母亲生前有关的一切，穆娜伊尔有关母亲的记忆也渐渐淡去，然而父亲杀妻的场景始终萦绕在她脑海中，她也始终无法说服自己接受奶奶和父亲的说辞，认为被杀害的母亲罪有应得。穆娜伊尔始终未能走出目睹凶杀案和家人刻意造成的种种创伤，写作成为她在压抑和被无视的家庭环境中重建个人话语的途径。因此，尽管娜迪娅和穆娜伊尔都对写作怀有强烈的渴望，但是她们写作的内容、动机并不相同，二者并无承袭关系。

写作、出版及其他公共事务在以男性为主导的秩序中往往被认为是男性的事业，天生热爱写作、需要发声的女性却时常被排除在写作之外。即使在阿拉伯女性地位有所提升的今天，阿拉伯女性文学依然无法逃脱父权文化霸权的诋毁和否认，这令热爱写作的阿拉伯女性面临重重壁垒。那么，她们的声音究竟为何难以发出？

二 难以发出的女性声音

《瞎子辛巴达：海洋与战争的地图》中的女性声音是不可闻的，女性话语要么像娜迪娅这样因被丈夫杀害而销声匿迹，要么以一种断续的内心独白形式存在，要么由在父权凝视下（gaze）完成自我异化的女性之口发出。小说中尝试发出自己声音的女性共有三位：娜迪娅、穆娜伊尔和胡达。娜

---

① 〔奥〕弗洛伊德：《精神分析引论》，高觉敷译，商务印书馆，1984，第 216 页。
② Cathy Caruth, *Unclaimed Experience: Trauma, Narrative, and History,* Baltimore: Johns Hopkins University Press, 2017, p. 18.

迪娅过早失去话语乃至生命的权利，这实际上可以视作对试图发声的女性此在（Dasein，海德格尔以此指代人在有意识情况下的存在状态）危机的一种具象化映射。穆娜伊尔心中的疑问从童年起越攒越多，却一直到成年后才动笔，这或许要归咎于在父亲和完成自我异化的奶奶的凝视下一直未能愈合的创伤。胡达和穆娜伊尔心中共同的疑虑在压抑 30 年后才得以言说，一方面是因为 "属下"(subaltern) 身份的限制，① 另一方面则是因为她们乃至奶奶都在男性中心的凝视下陷入了循环往复的自我审查和囚禁。

在阿拉伯世界从蒙昧时期至今盛行的性别权力关系中，女性作为需要向男性寻求保护的一方始终臣属于男性。阿拉伯半岛的贝都因游牧民族逐水草而居，部落间的相互劫掠几乎成为一种谋生方式，由此引发的部落间循环往复的复仇可以持续几十年甚至几百年。在这样的历史文化语境中，男性即生产力，女性在生理上的弱势导致她们除向男性寻求保护外别无选择。时至今日，阿拉伯女性依然未能完整建构起自身的主体性，纳娃勒·赛阿达维曾尖锐指出，阿拉伯伊斯兰社会为全世界女性境遇问题树立了反面典型。② 如此文化语境中的父权统治无疑是宰制性的，在《瞎子辛巴达：海洋与战争的地图》中，它直接导致了娜迪娅的死亡。

如果我们剥除娜迪娅的层层社会身份，她的悲剧便可简化为：当一个始终被男性操纵的女性尝试以写作发出属于自己的声音时，她便走向了看似偶然实则必然的死亡。当然，并不是所有想要发出独立声音的阿拉伯女性都会惨死于男性之手，在现实中她们更可能受男性压制而被噤声。例如，埃及女作家艾莉法·里芙阿特（Alīfa Rifaʿa , 1930~1996）曾因公开发表多部反响较好的作品而引起丈夫的愤怒，后者在长达 19 年的时间里严禁她继续写作。"父权制的历史实际上是一段不断赋权的历史，男性的历史身份建立于女性的无能和无声之上，为了维持自己的历史身份，男性不断地用一种象征秩序约束女性，使她们始终是意义的承载者而非创造者。"③ 伊萨做

---

① 最早由安东尼奥·葛兰西（Antonio Gramsci, 1891~1937）提出，指意大利南部缺乏组织、服从于统治阶级的农民。斯皮瓦克（Gayatri C. Spivak, 1942~）将这一概念移植到妇女问题中，提出 "如果属下没有历史、不能说话，那么作为女性的属下就被更深地掩盖了"。参见加亚特里·查克拉沃尔蒂·斯皮瓦克《属下能说话吗？》，载罗钢、刘象愚主编《后殖民主义文化理论》，陈永国等译，中国社会科学出版社,1999，第 125 页。

② 牛子牧:《纳娃勒·赛阿达维作品与思想研究》北京外国语大学博士学位论文，2015，第 131~132 页。

③ Christopher Bulter, *Postmodernism: A Very Short Introduction*, Oxford: Oxford University Press, 2002, pp. 36, 47.

出如此的安排,一方面是为了推动情节的发展,因为如果娜迪娅没有死而且完成了她的小说,那么穆娜伊尔的创伤、犹疑纵使仍然存在也不会强烈到逼迫她以写作打破无声的程度,因为"在任何叙述里,一定会失去某些东西或将它隐藏起来才能使叙述展开:如果一切事物都处于合适的位置,那就根本无故事可讲"。① 另一方面,根据米歇尔·福柯(Michel Foucault, 1926~1984)的话语理论,作者本人的话语结构和世界观往往决定着文本人物设定和情节走向,伊萨陈述了女性难以发声的事实,女性读者耳边随即响起一个引人自危的声音:娜迪娅的悲剧可能是每个阿拉伯女人的悲剧。

在"凝视"这种包含权力结构和欲望的观看方式中,观看者处于特权地位,被观看者不断内化观看者的价值判断,进行自我异化。杰里米·边沁(Jeremy Bentham, 1747~1832)提出了"圆形监狱"(panopticon)的设想:一座监视塔楼(inspector's lodge)位于圆形建筑中间,位于建筑外壁的囚室只有一面有窗。这样的设计使站在塔楼上的监视者能够清晰地看到囚室内的状况,囚犯却看不到监视者。② 福柯延续边沁的设想,关注权力对观看方式的影响,认为这种监狱的设计之所以能够有效监视囚犯是因为对窗内的囚犯而言,监视者的凝视始终在场,权力由此完成了匿名化过程,囚犯依托经验和想象进行自我规约。③

在父权制社会男性对女性的全方位凝视下,穆娜伊尔的奶奶完成了以男性价值观为基准的自我异化,以男性的价值标准对家中的女性施加着另一重压迫。当儿子纳瓦夫杀妻入狱之后,奶奶义不容辞地替儿子"善后":带着另一个儿媳胡达一起清除家中与娜迪娅有关的一切痕迹。娜迪娅被丈夫纳瓦夫杀害后,在周遭的人们眼里并不是受害者,而是有损家族荣誉的"罪人"。荣誉罪的施害者往往是男性,因怀疑自己的女性伴侣或女儿、姐妹与其他男性有染而将其杀害,④ 却称自己的犯罪行为是为了维护家族荣誉或雪耻。对荣誉的执着根植于阿拉伯伊斯兰文化中,萨义德在《东方学》中指出,阿拉伯伊斯兰文化是一种"羞感文化",1969 年在埃及破获的

---

① 〔英〕泰瑞·伊格尔顿:《当代西方文学理论》,王逢振译,中国社会科学出版社,1988,第267 页。

② Jeremy Bentham, *The Panopticon Writings*, London: Verso Books, 1995, pp. 35-36.

③ Michel Foucault, *Discipline and Punish: The Birth of the Prison,* New York: Vintage Books, 1995, p. 201.

④ علي أبو البصل: جرائم الشرف، دراسة فقهية مقارنة. صفحة ٢١.

1070 起谋杀案中，20% 凶手的作案动机是"洗刷耻辱"。① 科威特在 2005 年颁布的宪法第 153 条中将荣誉杀人合法化，直到 2017 年科威特国会才通过提案将这条法律废止。②

小说中的奶奶对孙女穆娜伊尔并无疼爱可言，似乎她也应该为母亲犯下的罪行而受罚。穆娜伊尔儿时偶然在顶楼房间的抽屉里发现了一张母亲的照片，这便是她能找到的关于母亲的所有物什，"自从娜迪娅消失之后，穆娜伊尔从未想过自己还能见到她"（《辛》，146）。穆娜伊尔的叔叔塔拉勒送给她一只捡来的独眼小猫，孤独的穆娜伊尔认为小猫是她的"孪生姐妹"。奶奶则对猫充满敌意，并给穆娜伊尔下了一道死命令：这只猫只要在奶奶的礼拜毯上撒尿，就立刻会被丢回街上，后来它确实因此重新成为流浪猫。穆娜伊尔在被奶奶剥夺了有关母亲的记忆后，又失去了生命中唯一让她感到温暖的存在。小说中穆娜伊尔的奶奶始终是匿名的，这种匿名性剔除了"奶奶"这个人物的个体性，赋予了她强烈的象征意义和一种集体经验，暗示这类女性将男性价值观内化之后，会化身为一座囚禁自我和身边其他女性的监狱。穆娜伊尔的前半生都是在奶奶建造的"监狱"中度过的。看似在家中发号施令的奶奶，其行为只是"对权力的忏悔式屈从"，③ 她始终处于男性话语的宰制中。

父权制社会中广泛存在的剥削形式不仅将女性客体化，还会将男性的外部凝视内化为女性的自我凝视，父权由此参与女性主体性的内在建构过程。小说中，穆娜伊尔不明白父亲纳瓦夫为什么"看不见"她，或许正是因为父亲一直刻意无视女儿，她才得以在很大程度上躲过父亲的凝视。恰恰是父亲的"看不见"让她失去了依照父亲的标准将自己景观化的原动力，对于父亲杀妻的行为，她才会采取和奶奶截然相反的立场：怀疑和质询，而非理解或默认。在 30 年之后，她终于发出属于自己的声音："既然我们都能为杀戮辩护，为什么不能为娜迪娅……"（《辛》，31）

臣属于父权的女性似乎只有两条出路：要么如同《瞎子辛巴达：海洋与战争的地图》中的奶奶那样，成为"男性价值观监狱"中自我规约和监

① 〔美〕爱德华·萨义德：《东方学》，王宇根译，三联书店，2007，第 60 页。

② 法拉·萨阿迪：《荣誉罪：科威特女性废除第 153 条的斗争》，https://raseef22.net/article/183154-جرائم-الشرف-معركة-نساء-الكويت-لإسقاط，2023-01-13。

③ David Herman, Manfred Jahn, Marie-Laure Ryan, *Routledge Encyclopedia of Narrative Theory*, London: Routledge, 2010, p. 114.

视的囚犯; 要么像穆娜伊尔那样, 在无声中保留部分主体性却无法完全逃避男权的影响。小说末尾, 穆娜伊尔在去找父亲对质之前先和胡达进行了一次会谈, 其间胡达毫不掩饰地表现出对纳瓦夫的蔑视, 可知她虽然是奶奶消除娜迪娅痕迹的"帮凶", 却并不全然赞同奶奶的价值判断, 然而同性凝视和属下身份使她和穆娜伊尔这场饱含同性情谊的谈话迟到了 30 年。

三 建构于无声中的同性情谊与让步虚构

女性写作并不仅仅是围绕女性或仅与性别议题有关的写作, 还可以和其他文学现象重叠。诸多女性写作的理论和实践反复证明,"即便女性文本涉及性别, 也是在性别的参照系之上, 叠加了关于历史想象、现实生存、个人体验等诸多内容, 从而在文本内部形成了多重阐释的意义空间"。①《瞎子辛巴达: 海洋与战争的地图》末尾, 第一人称叙述者穆娜伊尔在写给阿米尔姐姐法特梅的信中称, 这部小说是成年后的她凭借记忆和想象写成。而在文本之外的现实空间, 小说由科威特女作家布赛娜·伊萨完成, 这无疑赋予小说一种自指性, 让这部对虚构性具有自我意识的小说蒙上了一层元小说色彩。但无论完成小说的是虚构人物穆娜伊尔还是真实作者布赛娜·伊萨, 两位女性均提供了复杂的女性经验, 这种经验不仅囊括女性之间宝贵的姐妹情谊, 还以让步性的虚构质疑性别二元论, 阐释了具有阿拉伯特色的女性主义。

艾德里安娜·里奇 (Adrienne Rich, 1929~2012) 在性别研究中用"女同性恋存在"(lesbian existence) 和"女同性恋连续体"(lesbian continuum) 囊括每个女性的一生以及女性认同的历史, 进而将女同性恋从基于性经验的传统定义中解脱出来, 扩展为一种更加广阔和普遍的女性关系, 例如女性之间分享丰富的内心世界、联合反抗男性暴政等。② 里奇概念里的"女同性恋"实际上是一种囊括所有女性在内的、由多样化的女性关系共同组成的女性经验, 与后来黑人女性主义所倡导的"姐妹情谊"的内核相近。从临床限定中解脱出来的女同性恋以"女同性恋连续体"之名, 使得女性通

---

① 乐黛云:《中国女性意识的觉醒》,《文学自由谈》1991 年第 3 期, 第 76 页。

② Adrienne Rich, *Blood, Bread, and Poetry: Selected Prose 1979-1985*, New York: W. W. Norton, 1986, p. 78.

过建立多种关系而结成同盟，这一女性同盟不仅构成了对男性权威的质疑和反抗，还通过女性之间的相互支持书写了人性之善和共情的力量。

《瞎子辛巴达：海洋与战争的地图》中胡达和穆娜伊尔在流动的关系中共同构成的始终是同一种女性认同，即所谓的"女同性恋连续体"。当她们就纳瓦夫杀妻的行为和娜迪娅的死交换意见的时候，正是在用一种亲密的同性情谊质疑父权价值观和男性中心主义。胡达首先是穆娜伊尔的姪婶，也是在娜迪娅被杀后家中唯一真正顾及穆娜伊尔感受的女人，她虽然参与了奶奶对娜迪娅"毁尸灭迹"般的大清扫行动，却没有像纳瓦夫和自己婆婆那样，将娜迪娅的罪罚延伸到穆娜伊尔身上。通过小说末尾她和穆娜伊尔的谈话，可知她不认为娜迪娅犯下死罪。后来穆娜伊尔嫁给胡达的儿子弗瓦兹，胡达随之成为她的婆婆。弗瓦兹婚内出轨，穆娜伊尔同他离婚，胡达并未偏袒儿子或对穆娜伊尔心生嫌隙。小说末尾穆娜伊尔同胡达的谈话是一场穆娜伊尔期待了半生的"成熟女性"之间的谈话。胡达言语间心跳加速，表达观点时急切而激动，甚至语无伦次（《辛》，311），这暗示着她也在盼望这一场谈话。当她们仅以女性这一身份谈话时，穆娜伊尔说她想质问父亲究竟有没有爱过母亲和她，对此，胡达不以为然，她对穆娜伊尔说："我是个非常实际的女人，他对你做了那样的事，我有时真想碾碎他的睾丸。但凡觉得质问他对你有半点好处我都会鼓励你去做的。"（《辛》，311）胡达认为事已至此，无论纳瓦夫将如何回答穆娜伊尔，这样的追问都毫无意义，后来纳瓦夫的反应也证实了胡达的判断。

穆娜伊尔在小说结尾写下了一封致法特梅的信，信中说："我知道你还在打听你弟弟的下落，我以为我写这部小说就是为了回答你的问题，然而我并未做到。"（《辛》，327）这是一种建立于混乱年代、父权压制下的"女同性恋存在关系"，作为在特定情境下唯一建构女性主体性的交互情谊，它不仅"打破禁忌、拒绝强制的生活方式，是一种直接或间接的对男性之于女性权力的攻击"，[①] 使女性摆脱自在（An-sich，与"此在"相对应，指人在无意识情况下的存在状态）处境中来自男性和自我异化的女性的凝视，构建了女性的主体性和自我意识；而且，它使女性在分享内心体验、言说不可言说之物的过程中获得了一种无可比拟的幸福感。当胡达和穆娜伊尔

---

① Adrienne Rich, *Blood, Bread, and Poetry: Selected Prose 1979-1985*, New York: W. W. Norton, 1986, p. 80.

在娜迪娅去世 30 多年之后，终于得以交换纯粹的个人看法时，当失去弟弟、一直在耻辱感中生活的法特梅看到穆娜伊尔写给她的信时，她们的体悟所建构的正是一种独特的、与性经验无关的女性情感经验。

从这一意义上讲，《瞎子辛巴达：海洋与战争的地图》是一部讲述女性经验的小说。在男性价值观主导的伦理体系中，"女性的话语权的拥有以女性本质的失落为代价……父亲社会终于使女性作为能指纳入社会谱系等级中，而女性的真正性别和精神内涵却被剔除在文化语境之外，并逐渐消隐在历史盲点之中"。[①] 女性经验似乎一直在被历史经验边缘化，东方女性经验更是只能在文本缝隙中闪现，西方女性主义文学中的女性经验往往是女性性经验，而伊萨在《瞎子辛巴达：海洋与战争的地图》中所描摹的"女同性恋存在关系"则提供了一种与临床经验无关的、阿拉伯女性独特而含蓄的经验。

在一个二元对立的等级秩序中，一个单项全面统治着另一个单项，解构这个二元对立的传统模式是将其上下颠倒。[②] 女性主义是女权运动和解构主义等后现代思潮共同催生的一种具有强烈政治诉求和实践导向的理论，在解构男权中心时往往将原有的男女二元对立直接倒置。在父权文化霸权中，女性一直被符合男性价值观的符号所界定和建构，所以很多女性主义者认为女性只有通过彻底颠覆男性力比多机制才能够发出自己的声音。然而，惯于沉默的女性在尝试发出自己的声音时，会认为这是一种越界，在写作时经常表现出一种自我审查的态度、一种适度和折中。[③]

作为一部由寻回自己声音的女性创作的讲述女性经验的小说，《瞎子辛巴达：海洋与战争的地图》中并没有鲜明的性别对立，没有西方女性主义所标榜的尖锐而决绝的反叛精神，小说中的女性人物几乎不具有功能性，除去娜迪娅被杀这一个事件之外，情节的推移、矛盾的出现和解决其实完全由结构主义和形式主义视域中的功能性男性人物推动。而被压抑、被无视和被污名化的女性人物实际上更接近于受弗洛伊德精神分析学影响的现代心理小说中的心理性人物。穆娜伊尔作为一个"隐形"的叙述者，通过

① 王岳川:《后现代主义文化研究》，北京大学出版社，1992，第 384~385 页。
② 王先霈、王又平:《文学批评术语词典》，上海文艺出版社，1998，第 353 页。
③ Deirdre Lashgari, *Violence, Silence, Anger: Women's Writing as Transgression,* Charlottesville, London: University Press of Virginia, 1995, pp. 2–3.

对一系列事件的记述和虚构，向读者展现的是她的内心世界而非推动小说情节发展的话语。当一个以心理性为其优长的女性叙述者做出这种尝试时，她最终呈现的是一种对性别二元对立的柔和解构。

穆娜伊尔在还原这个家庭伦理故事时，采取了一种让步性的、留有余地的虚构策略。她幼年丧母之后始终是父亲看不见的孩子，除去同样无法发声的姊姊胡达外没有其他情感依靠，虽然她对父亲的杀妻行为有质疑、对母亲的死亡有异议，但她在成年之前并没有去和父亲对质，结婚生子、独立于原生家庭后依然没有发声，一直等到 2020 年科威特新冠疫情封锁解除之后才去找父亲，这便可以视作一种有选择性的无声。一个沉默多年的声音猛然爆发，一方面，疫情期间的封锁使她回想起战争期间躲在地道里的日子，另一方面，则是在生命受到威胁时她感到了一种发声的迫切需求，在她心头发酵已久的种种疑问终于在某个特定时刻凝聚成一股冲破恐惧和理智的力量。在小说末尾，穆娜伊尔写道："知道的事我都原原本本地落笔成文，不知道的事我只好虚构，因为说到底，那些事我确实不知情。"（《辛》，327）尽管在一个父权家庭里压抑了 30 年的话语和情感积蓄待发，然而在她所谓的虚构中，我们依然无法判断纳瓦夫是不是一个父权暴君，因为她采取的是一种留有余地的虚构。作为建构叙述者的叙述者，布赛娜·伊萨之所以如此安排，或许正是在表达一种与父权制寻求和解的态度。

在对男性中心主义发出质疑时，伊萨没有采取将原有等级制度倾覆的策略，而是借助有选择性的无声和让步性的虚构提出对父权文化霸权的温和质疑。尽管小说从不同视角述说着男性对女性主体性的侵吞、女性的无声和无踪，然而当被问到"小说为何取名《瞎子辛巴达：海洋与战争的地图》"时，伊萨的回答是迂回而巧妙的，她说："这很显然，我认为小说中的每一个人都看不到其他人。"[1] 然而小说中的无视始终是单向的，即父权家长无视家中女性。伊萨给出如此婉转的回答或许是因为当下科威特的男性对女性主义的支持，"对科威特女性政治权利感兴趣的男性可能在方法上有所不同，但无论是世俗的自由主义者还是保守的伊斯兰主义者，都在努力说服女性并将其纳入政治议程……当女性在阿拉伯传统父权结构中为自

---

[1] بثينة العيسى، «السندباد الأعمى» دوافعها وأدواتها مختلفة، https://www.aljarida.com/articles/1639067569325761200، 2023-01-15.

己的进步举措辩护时，男性和女性都是她们的支持者"。[1] 科威特女性在某种程度上已经在男性和同性的共同支持下突破父权压制，踏入了公共领域。然而，部分支持女性主义的科威特学者依然坚持伊斯兰至上的原则。对家中男性的服从导致参政的女性很可能成为男性在政治竞技场上利用的对象，她们非但无法发出属于自己的声音，反而加重了父权文化霸权对女性的倾轧。在科威特，女性主义的男性拥趸不在少数，然而他们的支持要么是出于实现个人或某个集团的政治利益，要么怀有隐忧和对传统的妥协。这样的支持与其说是对阿拉伯女性主义的去性别化，不如说是男性中心主义从内部建构阿拉伯女性主义的潜在力量。承受男性价值观和审查制度双重凝视的伊萨在小说中近乎直白地暗示了女性在发声时的克制。穆娜伊尔在写给法特梅的信中说："你现在一定已经读了这本书，也知道我的名字不是穆娜伊尔，正如你的名字也不是法特梅。这本书里的人物名字和现实中的都不一样，你知道的，这也是没办法的事。"（《辛》，327）

四　结语

对阿拉伯女性而言，重构女性的性别身份似乎只有将父权文化霸权的影响从女性的身份认同中根除才能做到，可这在阿拉伯世界几乎是一个乌托邦式的设想。布赛娜·伊萨在《瞎子辛巴达：海洋与战争的地图》中提供了一种新的策略，即柔和解构。然而弱化性别对立是否可以让失声的女性找回自己的声音，并实现女性性别身份的重构呢？小说末尾，弗瓦兹询问穆娜伊尔对巴格达[2]的看法，她欣喜地注意到父亲在看着她，仿佛在这一瞬间她终于成为可以被父亲看见的小孩。然而她正要开口讲话时却看到父亲在专注地咀嚼着满嘴的食物（《辛》，325）。鼓起勇气来和父亲对质的她没有提出任何疑问便离场了，她的声音最终只回响在她创作的故事中。那么，关于"柔和解构能否让失声的女性寻回自己的声音"这个问题，布赛娜·伊萨已经在《瞎子辛巴达：海洋与战争的地图》中给出了一个较为明确的答案。

---

[1]　Alessandra L. Gonzalez, *Islamic Feminism in Kuwait: The Politics and Paradoxes*, New York: Palgrave Macmillan, 2013, p. 111.

[2]　小说中并未进一步说明，可能指当时的巴格达局势。——本文作者注

数字人文研究

阿拉伯语通用词表的研制及教学应用研究*

Alaa Mamdouh Akef　　王莹莹　　杨尔弘　　付志明**

【内容提要】词汇中心教学法主张使用语料库中的词汇频率信息来提取真实语言素材。但频率指标并不适用于作为 22 个国家官方语言的阿拉伯语。通用词汇是使用同一语言的全体人的"稳态语感",可通过构建动态流通语料库进行监测和量化。本文首先提出使用"通用度"代替频率作为标准,为词汇中心教学法提供更为合理规范的研究视角。进而综合词汇的频度、使用度和分布均匀度等指标,提出一套适合于阿拉伯语词汇特色的通用度的计算方法和技术实现流程。最后将获取的 5078 个通用词应用于《阿拉伯语汉语词典》的修订中,共计增补和修正了新词、同义异形词、派生词等 300 余条词目。

【关键词】阿拉伯语　动态流通语料库　通用词表　词汇中心教学法　语言教学

---

* 本文得到北京大学"阿拉伯语教学语言点知识库和分级大纲的研制"(7100902593)和国家语言资源监测与研究平面媒体中心研究经费资助。

** Alaa Mamdouh Akef,北京大学外国语学院阿拉伯语系助理教授,研究方向为汉语 – 阿拉伯语的语言资源构建、加工与其在语言教学、语言监测和机器翻译等方面的应用;王莹莹,北京语言大学博士在读,研究方向为计算机辅助语言学习和语言监测;杨尔弘(通讯作者),北京语言大学教授、博士生导师,研究方向为语言信息处理、语言监测和语言资源建设;付志明,北京大学外国语学院阿拉伯语系教授,研究方向为阿拉伯语语言学。

一 引言

自 20 世纪 80 年代开始，随着语料库的建设及相关研究的开展，词汇中心教学法应运而生。其核心理念是以词项为核心的语言观，使用语料库技术从海量的真实语言样本中提取语言实例，并在大纲设计、教材开发和教学实施中贯彻频率标准来挑选和排序常用的词项和用法等作为语言教学内容。[①] 在英语教学中，词汇中心教学法已有一系列基于语料库的词汇语法研究专著、工具书和教材。相较英语和汉语而言，阿拉伯语的语料库建设及相关研究则起步颇晚，直到进入 21 世纪才出现较成熟的阿拉伯语语料库，因此将语料库技术应用到工具书和教材研发的工作更少。本文在阿拉伯语词汇中心教学法的前期实践中，发现以频率为标准确定教学内容的做法并不适用于阿拉伯语。其原因在于阿拉伯语的使用者众多，且在地域上分布在 22 个阿拉伯国家，各国各地的语言使用有所差异，若以频率而论，容易受不平衡的数据影响而错失部分词汇和用法。许家金教授在对词汇中心教学法进行溯源与反思时也曾明确指出过这一问题。词汇中心教学法虽非主流，但我们可取其学科交叉融合的积极部分，再结合阿拉伯语语言特色进一步改进方法上的缺陷，并将研究成果应用于教学实践中。

尽管语言词汇的内容五花八门，来源繁多，但是一个民族的群体在日常交流的词汇使用中，主要涉及的是那些使用频次高且在各领域、各地区间及各时间段中通用程度高的词汇。在某一时段内，通用词汇是一个相对稳定且开放的集合。在汉语通用词汇的研究中，张普教授提出了动态语言知识更新理论，[②] 其核心观点是认为语言文字"具有相对稳定和永远变化的两重性"，[③] 即语言有"稳态"和"动态"两种状态，主张构建历时的动态流通语料库来观测和研究语言的这两种状态。其中通用词汇即是对语言的"稳态语感"[④] 进行监测和量化的研究，这与词汇中心教学法的理念有共通之处，因此我们可用通用词汇的量化指标——通用度，代替频率作为挑选语

① 许家金:《词汇中心教学法的交际观——理论溯源与反思》,《中国外语教育》2009 年第 4 期。
② 张普:《动态语言知识更新研究》, 商务印书馆, 2009, 第 219~238 页。
③ 张普:《动态语言知识更新研究》, 商务印书馆, 2009, 第 53 页。
④ 张普:《动态语言知识更新研究》, 商务印书馆, 2009, 第 70 页。

言教学内容的标准。

综上，本文以研制阿拉伯语通用词表为研究目标，从理论上结合动态语言知识更新和词汇中心教学法的理论，使用语料库语言学的数据统计指标和方法，综合以往研究提出适用于阿拉伯语的"通用度"的定义和技术实现流程。然后为消除以往词汇中心教学法对频率的依赖而选用通用度指标，并将提取的通用词汇应用于教学内容的研制，实现其实践价值。

二 阿拉伯语报纸媒体动态流通语料库构建

基于通用词表的研究目标，本文构建了用于观测和量化"稳态语感"的阿拉伯语动态流通语料库。遵循张普教授在其著作《动态语言知识更新研究》的"第一部分：思考篇"[①]中关于动态流通语料库的思考，本文在构建语料库时有以下考量：①语料选材应是阿拉伯语的书面语形式；②语料应是真实文本，尽量还原语言客观使用的原貌，模拟大众语感；③语料库的动态性特点要求语料的采集是动态的，且文本选择不限于某一特定领域，根据大众媒体的传播情况，按照一定的原则即期抽取；④语料库的流通性特点又使得语料的选材要考虑文本的"真实流通"，即不仅要考虑到静态的分布、散布，还要考虑文本的发行量、发行周期、发行地区、阅读率等动态因素。

阿拉伯语的书面语形式是现代标准阿拉伯语，是阿拉伯世界的通用语言和官方语言，流通于 22 个阿拉伯国家。根据语料库的流通性特点，应按照某一特定的历时和领域分布，采集来自每个国家和地区的阿拉伯语文本，但 22 个阿拉伯国家的语言分布和使用情况繁杂不一，此法恐难成功。我们可采用语言学界较为认可的方法，把 22 个阿拉伯国家分为五大方言区，[②] 选取每个方言区的代表国家，即希贾兹－纳季德方言区的沙特阿拉伯王国、叙利亚方言区的约旦、伊拉克方言区的伊拉克、埃及方言区的埃及、马格里布方言区的阿尔及利亚。再选取每个国家的官方或公认影响力较大的报纸，进行语料采集。选择报纸语料的另一个原因是虽然现代标准阿拉

① 张普：《动态语言知识更新研究》，商务印书馆，2009，第 43~143 页。
② 王蕾：《阿拉伯各方言区的语言特征及其成因》，《阿拉伯世界》1991 年第 4 期。

伯语在各方言区因受方言、外来语和风土人情等因素影响略有不同，但各国的语言政策大多规定了报纸媒体要使用规范的阿拉伯语，因此报纸媒体所使用的阿拉伯语的同质性较高。根据报纸的发行量和影响力等因素，最终所选取的 5 份报纸分别是：沙特《利雅得报》(جريدة الرياض)、约旦《观点报》(صحيفة الرأي)、伊拉克《巴格达报》(جريدة الزوراء)、埃及《金字塔报》(جريدة الأهرام)、阿尔及利亚《绿洲报》(جريدة الواحة)。每份报纸都有官方网站，同步更新每天发表在纸质报纸上的文章，因此可以不断动态采集，得到的语料既有历时分布的属性，又有地域分布的属性，符合动态流通语料库的建库原则。最终建构得到包含 5 大方言区的 5 个代表国家的约 160 万篇新闻文本、超过 4 亿词次、最长时间跨度从 2005 年到 2017 年的阿拉伯语报纸媒体动态流通语料库，对语料进行清洗和初步预处理后，组织成结构化数据存储在 MongoDB 数据库中。摘取其中一条埃及《金字塔报》2015 年的新闻数据存储如下所示：①

{'_id': ObjectId('5c276c5d764cc073dc34b2e9'),

'URL': 'http://www.ahram.org.eg/NewsQ/440734.aspx',

'TIME': '2015-10-4',

'TITLE': 'قنديل رئيساً لنادى هيئة النيابة الإدارية',

'DOMAIN': 'مصر',

'TEXT': 'أعلنت اللجنة المشرفة على انتخابات نادى مستشارى هيئة النيابة الإدارية، برئاسة المستشار سلطان السلموني، نتيجة انتخابات التجديد الكلى لرئاسة وعضوية مجلس إدارة النادى، والتى أسفرت عن فوز المستشار عبد الله قنديل نائب رئيس الهيئة، بمنصب رئيس النادى لدورة جديدة، وذلك بحصوله على ٧٦٩ صوتا.'}

三 通用度定义及计算

通用度的概念是尹斌庸、方世增提出的，"是指词语在语言应用的各个领域里常用性的综合指标，是词语在语言应用的各个领域里通用的程度"。②赵小兵博士在对汉语通用词表的提取研究中所定义的"通用词语"是"那

---

① 原新闻文本存在错别字，数据获取时不做纠正，按原文存储。
② 尹斌庸、方世增：《词频统计的新概念和新方法》，《语言文字应用》1994 年第 2 期。

些使用频率高，在各领域内、各地区间以及使用的各时间段中通用程度高的词汇"，认为通用性特征主要表现在领域通用性、地域通用性、时间通用性三个方面。[①] 本文沿用此定义，参考多份汉语通用词汇的提取研究中对通用度、稳定度等指标的量化方法，[②] 提出以下通用度的计算公式：

$$通用度 = 文本使用度 \times 领域散布系数$$

但更加注重通用词语的地域通用性，5 个国家刚好形成空间地域分布。因为各个国家语料的时间跨度不同，不足以计算历时的时间分布，因此本文未考虑时间通用性，把每个国家所有年份的语料作为一份来计算文本使用度。此外，还因为各个国家语料的分类方式不统一，在计算领域分布时也无法统一，所以在计算通用度时也未考虑领域通用，而使用空间散布系数来量化词语在各个国家语料中的分布情况。

计算文本使用度所使用的扩散率公式，是 1964 年美国斯坦福大学的尤兰德在编制《西班牙语词频词典》[③] 时提出的，计算公式如下：

$$SP_w = \sqrt{\frac{\sum_{i=1}^{n}\left(N_w^i - \bar{N}\right)^2}{n}}$$

$$D_w = 1 - \frac{SP_w}{\sqrt{n-1} \times \bar{N}}$$

$$U_w = F_w \times D_w$$

---

① 赵小兵：《基于动态流通语料库的现代汉语基本词汇自动识别与提取方法研究》，北京语言大学博士学位论文，2007。

② 史艳岚：《基于中国主流报纸动态流通语料库的对外汉语报刊新闻主题词群及相关研究》，北京语言大学博士学位论文，2006；唐长宁：《基于现代汉语动态流通语料库的通用词汇自动提取方法研究》，内蒙古师范大学硕士学位论文，2008；谢晓燕：《基于 26 年〈深圳特区报〉的稳态词语提取与考察研究》，北京语言大学博士学位论文，2010；赵小兵：《基于动态流通语料库的现代汉语基本词汇自动识别与提取方法研究》，北京语言大学博士学位论文，2007。

③ A. Juilland, E. Chang-Rodríguez, *Frequency Dictionary of Spanish Words*, Berlin, 1964.

在上面的公式中，N_w^i 是词语 w 在第 i 篇文本中的频率，[①] $\bar{N}$ 是词语 w 在各篇文本中的平均概率，n 为词语出现的文本数量，D_w 是文本散布系数，计算得到的 U_w 是文本使用度。

领域散布系数的计算采用的是分布均匀度（distributed consistency，DC）公式，由承担《汉语高频词语法信息词典》项目的北京大学计算语言学课题组提出：[②]

$$res_w = \left(\frac{\sum_{j=1}^{m} \sqrt{F_w^j}}{m} \right)^2$$

$$E_w = \frac{\sum_{j=1}^{m} F_w^j}{m}$$

$$DC_w = \frac{res_w}{E_w} \quad (0 < DC < 1)$$

在上面公式中，F_w^j 是词语 w 在第 j 类领域中的每 100 万词次的频次，m 是领域类别总数，得到的 DC_w 就是这个词的领域散布系数。因此，词语 w 的通用度 G_w 的计算公式是：

$$G_w = DC_w \times \sum_{j=1}^{m} U_w^j$$

在此通用度的计算方法中，文本使用度既考虑了词语在整份语料中的频次，也考虑了词语在每个报纸文本中的散布情况，空间散布系数又再次考虑了词语在每个国家的散布情况。因此通用度综合考虑了词语在各个国家各个报纸文本的使用，极大地避免了语料量不平衡造成的影响，不会因词语仅在某个国家或某个文本中高频使用而排序十分靠前。

---

① 本文中提到的频次或频率指的都是词语在每 100 万词次中出现的频次或频率。
② 朱学锋等：《〈汉语高频词语法信息词典〉的研制》，《语言文字应用》2004 年第 3 期。

四　通用词表提取

上文内容从空间维度入手，综合词汇的频度、使用度、流通度和分布均匀度等指标的量化，明确了"通用度"的定义及计算方法。本部分内容基于此，再结合阿拉伯语的语言特点，提出从语料预处理到通用度计算再到人工干预处理的一整套完备的通用词表提取流程，其中应用了语料库语言学的数据统计方法，以及阿拉伯语自然语言处理的词形还原等技术。

1. 词形还原处理

因为阿拉伯语是一种形态十分丰富的语言，一个单词有多种形态变化，如动词因性、数、时态发生的变位，名词的单、双、复数形式以及确指和泛指形式，以及复杂的连写形式。因此本文在提取通用词表之前先对语料进行词形还原，也就是把一个词语的各种词形还原为能表达完整语义的词典形，即词目。词形还原处理时用到的是卡塔尔哈迈德·本·哈利法大学的卡塔尔计算研究所开发的"FARASA"工具。[①]5 个国家报纸语料的阿拉伯语词目和词形的总量如图 1 所示，我们可以看出比例都大约为 1∶3。

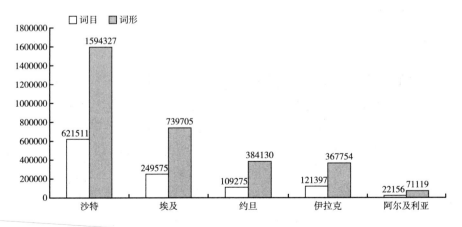

图 1　5 个国家的报纸语料的词目和词形的总量统计

① A. Abdelali et al., "Farasa: A Fast and Furious Segmenter for Arabic," *Proceedings of the 2016 Conference of the North American Chapter of the Association for Computational Linguistics: Demonstrations*, 2016, pp. 11–16.

2. 正字法归一化处理

报纸语料中本身存在词语和术语的多种写法、拼写错误等会影响词语频次的情况，但像拼写错误这种低频偶发的情况并不能进入通用词表，影响较小。且为了保持语料的原貌与监测的客观性，前序工作并未对语料做纠正以及合并多种写法的预处理操作。因此这一步中使用正字法归一化处理来解决阿拉伯语中多种拼写方式的一致性问题。通常会把字母"ي"和"ا"不同形式合并：把"ى"全部替换成"ي"；把"ء""آ""أ""ؤ""إ""ئ"全部替换成"ا"，这些都是很常见的拼写错误。进行归一化处理后，5 份报纸共用词目的数量由原先的 43998 个变为 40204 个，有些词经归一化处理后便成为共用词。这种字母替换的归一化处理产生的影响在后续内容中再进行讨论。

3. 通用度计算

通用词语肯定是在 5 个国家都流通使用的词汇，因此取 5 个国家的 40204 个共用词目，分别根据公式计算各个词目的文本使用度及领域散布系数，得到通用度并排序。在设定通用词表的词语数量时，通常以词语的覆盖率为准则，因此本文选取覆盖率达到每个国家语料的 95% 的 top-n 个词，获取 7744 个词目进入通用词表。

4. 人工干预处理

观察此时包含 7744 个词目的通用词表，其中还存在一些词目需人工辨析是否需要保留。参考赵小兵博士构建的词汇层级关系图（见图 2），在通用词语的外围有专业术语、方言词、外来词和古语词。[①] 根据张普教授的"动态语言知识更新"理论，词汇是在动态变化的，外围词汇只要满足在各领域类中通用程度高，且在考察时间内使用稳定的条件，也能进入大众流通领域而成为通用词语。基于这个原则，我们人工地从通用词表中离析出下述词语进一步辨析：删去词形还原错误得到的词；方言词、外来词和专业术语词根据通用度保留较为通用的词，即已从外围词汇进入了通用词语。

---

① 赵小兵：《基于动态流通语料库的现代汉语基本词汇自动识别与提取方法研究》，北京语言大学博士学位论文，2007。

其中外来词的形式尤为复杂，因可用多个词语来表达同一外来概念，有时既有音译的方式，也有不同的意译的阿拉伯化的写法，需针对具体情况考虑去留。此外，较之汉语，阿拉伯语的形态构词要丰富得多。计算通用度前的词形还原操作能得到屈折变化前的词形，但并非能全部还原，且还有很多派生词、复合词等进入通用词表中，我们也对这些词语根据通用度及其源词在通用词表中的排序高低等逐一辨析其去留。具体来讲，针对如阴性名词、单双复数等屈折变化形式的词，根据通用度以及是否规则变化保留通用度较高的形式；对于动词派生得到词根、主动名词、被动名词、工具名词、比较名词、时空名词，以及由名词派生得到关系名词、指小名词等名词，保留源词，也根据通用度保留较通用的派生词，删去通用度低的派生词；针对复合、缩合等其他构词法，不予删除；对人名、地名、机构名等命名实体以及领域术语，保留通用度较高的部分词语。

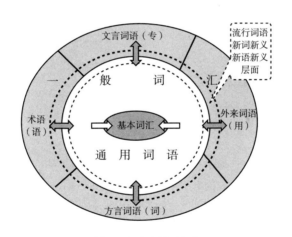

图 2　词汇层级关系

经人工干预处理后，通用词表中共包含 5078 个词目，其中每个词目有一个或多个不同正字法的形式，共 5375 个形式，具体分布如表 1 所示。要明确的是，每个词的各个不同形式，虽然都放在同一个词目下，但并非全部是同一个词。字母 "ي" 和 "ا" 的不同形式可能引起词的词义和语法发生变化，不同的形式就变成了不同的词，例如 "ان" 共有 4 个形式 "آن" "أن" "ان" "إن"，每个形式的意义各不相同："آن" 是时间名词 "现在"；"أن" 和 "إن" 是两个类似动词的虚词，但语法作用不同。当然，不同形式也很有可能只是同一个词不同的正字法写法，也有可能是拼写错误。例如词"اثنين"（二），因字母"ا"而有两个不同的形式"إثنين"和"اثنين"，区别就在于词首的字母"ا"是否有"海姆宰"符号，有的话就是"إ"。这两个词的使用颇有争议，有语言学者认为必须有"海姆宰"符号，有的认为没有也可以。因此这两个形式都在我们语料中出现，但其实是同一个词。

表 1　通用词表中的形式数量分布

形式的数量	通用词语的数量
5	2
4	3
3	19
2	242
1	4812

5. 通用性和动态性

前文中提到，使用通用度指标能综合计量词语在各个国家每篇文本中的分布情况，极大避免语料不均衡时按频率排序的失误。我们可将整份语料也经词形还原和正字法归一化处理后，计算词频并按频次排序得到高频词表，用于与未人工干预处理的通用词表进行对比，从序号的差异来分析通用度较之频次的优势。首先我们发现频次表中频次较低的词大多未进入通用词表，这表明通用词语本身固有的高频属性。此外，比较典型的例子如"سعودة"（沙特化）一词，是沙特国内的制度，但未在其他国家高频使用，因此通用度较低，不足以进入通用词表，但在高频词表中的排序却为 3871，属于中高频词汇。专名更易受语料量的影响获得较高频次，如沙特人名"مقرن"（穆克林）、"نواف"（纳瓦夫），城市名"دمام"（达曼）、"طائف"（塔伊夫），机构名称"سابك"（沙基工业股份）等。这些词在高频词表中排名十分靠前，但因在其他国家的报纸中使用较少，因此在通用词表中比较靠后。还有一些同义异形词的不同表述（大多为外来词的翻译，或者外来概念的音译和阿拉伯化的词），例如"银行"，沙特报纸中高频使用的是从"صرف"（花费）派生得到的"مصرف"，但其他国家报纸中更多使用的是从英文"bank"音译来的"بنك"，若仅以频次为标准，则会丢失较为低频但也是通用词汇的"بنك"。类似的例子还有"سولار"（柴油）与"ديزل"（柴油）、"تلفزيون"（电视）与"تلفاز"（电视）等。由这些例子我们可以看出，本文提出的通用度的计算方法，既保证了词语的总频次较高，也能保证词语在文本层级以及各个领域的分布都较为均匀。经通用度计算、排序挑选出的词汇具有"通用性"的区别属性，较之高频词语更能表征阿拉伯语的稳态语感。

我们提取通用词表所构建的语料库是动态的，需要对语料库进行定时或者实时维护更新，动态地抓取、补充更新的阿拉伯国家的报纸媒体语料，因此通用词表也是基于该语料库动态更新的。随着语料时间的更新，词汇的使用情况也随之变化，因此通用词语相较于静态的词频计算方法得到的词语有着"动态"属性。

五　通用词表对词典编纂的意义

根据动态知识更新理论，通用词语是阿拉伯语词汇层面的稳定部分，是这个语言高频流通使用的词汇的集合。因此我们可基于词汇中心教学法，将通用度作为指标，挑选和提取真实的词汇和语言实例作为阿拉伯语教学内容，这也是使用语料库技术提取出的通用词表在阿语教学上的应用实践，其中工具书教学词典的开发便是其中一项紧要任务。本文将阿拉伯语通用词表作为《阿拉伯语汉语词典（修订版）》[①]的修订参考，为其第三次修订提供 300 余条词目增补和取舍，这也是本文工作最重要的实践意义，是通用词表研制的价值所在。

1. 词目增补

《阿拉伯语汉语词典》是 1966 年出版、2008 年第二次修订的一部实用性强、收词兼容并包的词典。随着社会和语言的变迁，许多新词新义涌现，既有普通的动词名词，也有新媒体词汇、科技词汇等。通用词表是基于动

---

① 北京大学外国语学院阿拉伯语系编《阿拉伯语汉语词典（修订版）》，北京大学出版社，2008。

态流通语料库提取的，新词、领域专用词也会在动态变化中进入通用词汇，这也就成为通用词表为词典做词目增补的优势。

首先，报纸媒体因时事热点产出一些短期内高频使用的流行词汇，这种词汇作为语言的动态变化，也能逐步进入稳态，成为通用词语被收录进词典。如"معوق"（"伊斯兰国"）、"دواعش"（"伊斯兰国"人），还有媒体目前用来指称恐怖分子极端行为的词"تكفيري"，2011 年阿拉伯国家发生的"阿拉伯之春"中兴起的一些词，如"انفلات أمني"（安全失控）的"失控"、"تردي"（恶化），以及"مخلوع"（被罢免）。

其次，随着社交媒体不断发展，通用词表中存在着许多属于通用度较高的相关词汇，业已渗透到阿拉伯人生活中，所以《阿拉伯语汉语词典》可以收录这些词汇。这些词有些是外来词，大多使用音译法，为避免出现音译词不准确的情况，《阿拉伯语汉语词典》可以参考通用词表中这些音译词目进行增补。例如专名"جوجل"（谷歌）、"تويتر"（推特）、"فيسبوك"（脸书）、"واتساب"（瓦次艾普）、"بوست"（发帖子）、"يوتيوب"（YouTube）、"国际足球联合会"，以往的科技领域术语或者新的事物"كليب"（Video clips）、"جين"（基因）、"كود"（代码）、"رابط"（链接）、"موقع"（网站）、"بطاقة ائتمان"（信用卡）、"ذكاء اصطناعي"（人工智能）、"الصراف الآلي / ماكينة صراف آلي"（自动取款机）、"باقة إنترنت"（上网套餐）、"تغريد"（发推特）、"التخزين السحابي"（云储存）、"مشهد / معوق"（镜头）、"فيديو"（视频）、"روبوت"（机器人）、"كوميديا"（喜剧）、"بلاستيك"（塑料）等。

此外，通用词表中的一些普通动词或者名词，也可以为《阿拉伯语汉语词典》进行词目增补，如"مواطن"（公民）通用度为 117，"معوق"（独立）通用度为 997，"معالجة"（处理）通用度为 793，"مصداقية"（信誉）通用度为 2219，"مصالحة"（和解）通用度为 1754，"ركن"（停）通用度为 1001。这些词都是通用度很高的报纸媒体常见词，同时在其他书面语写作中也经常使用。例如"مستقل"（独立），构成了很多常见的术语和短语，从语言习惯来说很难用其他的词来替代，相关短语有"الفكر المستقل"（独立的思想）、"حكومة مستقلة"（独立政府）、"مرشح مستقل"（独立候选人）。这些都可增补收录到《阿拉伯语汉语词典》。

2. 同义异形词的词目增补或取舍

阿拉伯语中有许多同义异形词，有的是外来词的不同翻译，有的是在不同阿拉伯国家使用的不同词。这种情况不只是在专名、术语、外来词中会出现，在普通名词中也会出现。当遇到这种情况时，《阿拉伯语汉语词典》可以参考通用词表，根据通用度，对同一意义的多个词目进行取舍或都收录。通用词表中出现了多个表达，但目前《阿拉伯语汉语词典》只收录了一个，就可进行词目的增补。例如，在通用词表中有从不同的动词派生的"预算"，"موازنة"（预算）通用度排序为 1076，第二个词"ميزانية"（预算）通用度排序为 1869，明显第一个词的通用度较高，但目前《阿拉伯语汉语词典》没有收录，就可参考通用词表同时收录第一个词"موازنة"（预算）。

3. 派生词的词目增补或取舍

阿拉伯语的一个词根可以有许多派生词，《阿拉伯语汉语词典》同时也会收录一些派生词。但有时无法根据专家知识和经验判断一个派生词是否该被收录，便可使用通用度为派生词的收录提供量化的直接依据。例如，感应动词"فعل مطاوع"与其原动词，这是阿拉伯语中特殊的语言现象，是和某动词相对表示其造成后果的动词，比原动词少了一个宾语。例如，四母动词"محور"（旋转）和其感应动词"تمحور"都没被词典收录，但这两个词的通用度排序都很靠前，分别为 862 和 3825。《阿拉伯语汉语词典》在第 662 页收录了三母动词"صدر"（发布），也可增补收录其感应动词"استصدر"，通用度排序为 4900；第 990 页收录了三母动词"قطب"（收集），可增补收录通用度排序为 3619 的感应动词"استقطب"（吸引）。（见表 2）

表 2 《阿拉伯语汉语词典》与通用词表中的感应动词示例

阿拉伯语词语	汉语对应	页码	通用度序号
محور	旋转	—	862
تمحور	旋转	—	3825
صدر	发布	662	438
استصدر	发布	—	4900
قطب	收集	990	2642
استقطب	吸引	—	3619

对于动词及其派生的词根，《阿拉伯语汉语词典》也可以参考通用词表增补。例如，《阿拉伯语汉语词典》收录了动词"حاور"（辩论）（第 291 页），

通用度排序为 4873，就可再增补收录通用度排序为 487 的派生词根"حوار"（对话）。第 925 页收录的"فعل"（做、干、行事），通用度排序为 251，可增补通用度排序为 1158 的词根"تفعيل"（启用、激活）。同样地，对于如主动名词、被动名词、词根、工具名词、空间名词等有规律的派生名词，都可以参考通用词表。例如《阿拉伯语汉语词典》所收录的动词"أعاق"（阻碍）（第 849 页），通用度排序为 863，可以增补通用度排序为 1902 的主动名词"معوق"（残疾人）。（见表 3）

表 3 《阿拉伯语汉语词典》与通用词表中的派生词示例

阿拉伯语词语	汉语对应	页码	通用度序号
معوق	残疾人	可增补	1902
مخصص	专门	可增补	1047
تفعيل	启用、激活	可增补	1158
استفاضة	更详细的	可增补	2791
إعمار	建设	可增补	1611

六 结语

阿拉伯语通用词表的研制既是对语言词汇的稳态部分的监测和计量，也是对阿拉伯语教学素材的定量选取。本文对通用词表的研制以及其在词汇中心教学法中的应用研究，从理论上将动态语言知识与词汇中心教学法的理论进行融合，为词汇中心教学法提供了嫁接语言监测研究成果的研究角度。从实践上来说，既为阿拉伯语语言监测研究提供了通用词表研制的方法探索，又为阿拉伯语教学内容的研制提供了直观量化的指标、数据。本文可总结为以下四个部分。

第一，基于动态语言知识更新理论，以研制通用词表为目标，构建了阿拉伯语报纸媒体动态流通语料库。这部分工作选取阿拉伯语 5 大方言区的 5 个代表国家的报纸——沙特《利雅得报》、约旦《观点报》、伊拉克《巴格达报》、埃及《金字塔报》、阿尔及利亚《绿洲报》，动态采集新闻语料，共得到 2005~2017 年约 160 万篇新闻文本、超过 4 亿词次的语料，组织成结构化数据存储在 MongoDB 数据库中。

第二，借鉴汉语通用词汇研究，界定"通用度"，并综合词汇的频度、使用度、流通度和分布均匀度等语料库的计量指标，提出通用度的计算方法和公式。

第三，结合阿拉伯语词汇特色，提出一整套的通用词表提取流程，包括对语料进行词形还原、正字法归一化预处理，计算 5 国报纸的 40204 个共用词的通用度和选取 95% 覆盖率内的 7744 个高通用度词，最后人工干预来处理错误词、派生词、复合缩合词、专有名词，以及包括术语、方言、外来词在内的外围词汇，最终得到的报纸媒体通用词表共 5078 个词，每个词有一个或多个不同正字法的形式共 5375 个。得到的通用词汇具有"通用性"的区别属性，较之高频词语更能表征阿拉伯语的稳态语感，也具有语料库赋予的"动态性"。

第四，将通用词表应用于词汇中心教学法中，将通用度作为指标，挑选和提取的通用词汇作为阿拉伯语教学内容，为《阿拉伯语汉语词典》提供 300 余条词目进行增补和取舍，包括派生词、同义异形词、外来词、音译词、科技术语词、时事热点词、普通动名词等。

通用词表的实践价值不仅体现在工具词典的修订和编纂，其他教学内容的研制设计也可使用通用词表作为参考。词汇中心教学法也不仅仅关注词汇本身，而是以词项为基础单位，有一整套的语言结构和功能的特征描述。因此我们可基于通用词表再做进一步的词汇的语法、语用等更高层次的探索，如动词的通用形态变化形式等。

Four Inquiries into Ancient Oman–China Relations

Wang Xiaofu

Abstract: In recent years, my research has shed light on four novel aspects regarding the ancient relations between Oman and China: (1) Oman's native production of frankincense had reached China by at least the 5th century BCE. (2) In 100 CE, the ancient Omani states of Magan and Dhofar jointly sent envoys to Luoyang, China, where they received imperial conferment from the Emperor of the Eastern Han Dynasty. (3) The merchants from the Arsacid-Persia region mentioned in ancient Chinese texts were mainly members of Oman's Azd tribe, while the Arab merchants mentioned in these texts were Omani maritime traders adhering to Ibadi Islam. (4) The maritime routes and extent of Zheng He's voyages in *Xiyang* (the South China Sea and Indian Ocean) during the Ming dynasty were likely influenced by the activities of Omani maritime traders.

Keywords: Frankincense and Silk Road; Magan; Dhofar; Arab Merchants; Zheng He's Voyages in *Xiyang*

The Dynamic Interaction between Language Variation and Social Stratification in al‑Andalus: Code‑switching in Zajal Works

Ji Yuting

Abstract: This paper studies code-switching between Andalusi Arabic, Romance and Berber in zajal works of Ibn Guzman. Based on the theory of language indexicality and Matrix Language Frame Model, it analyzes the dynamic interaction between language variation and social stratification in al-Andalus during the Almoravid dynasty as are reflected in zajal works. This paper finds that multiple languages and their different levels of varieties coexist in al-Andalus, and there is an indexical connection between language use of certain social stratum and language variety. Language varieties are not limited to specific social strata, but have become resources as part of users' linguistic repertoire, so that they can choose language varieties that index other social strata in accordance with different conversational situations. This choice not only reflects the indexical connection between social strata and language varieties, but also emphasizes the social identity and relations indexed by certain language or language variety. The relationship between language variation and social stratification took shape and developed in this dynamic interaction.

Keywords: Al-Andalus; Language Differences; Social Stratification; Code-switching; *Zajal*

From History to Reality: Three Dimensions of Moroccan Berber Issue

Huang Hui

Abstract: Since the independence in 1956, the Kingdom of Morocco had started nation-state identity construction around two centers, Arab and Islam. During this process, the Moroccan Berbers who constitute 40% of the population were marginalized in many aspects including political, economic, linguistic and cultural, which provoked the Berberist movement that is considered as a significant threat to the construction of national identity in the kingdom. The Moroccan Berber issue reflects in three dimensions, political, linguistic and cultural, and economic. In general, the Moroccan Berber issue has not been politicalized too far since there is no Berberist opposition party, and clamming linguistic and cultural rights is the main appeal of Moroccan Berberism, but Berber issue in Rif is different from the main stream of Berberism in Morocco, the economic problems are fundamental causes of the local separatist trend in Rif. To ease the strength of Berberist movement, the king of Morocco and the government have made concessions to some extent, still, the Berber issue is one of the factors affecting the stability of the kingdom and the solution has a long way to go.

Keywords: Morocco; Berbers; National Identity

UAE Foreign Aid: Mechanism, Characteristics and Motivations

Zhang Ruofeng

Abstract: Since the establishment of the United Arab Emirates in 1971, the country has gradually established a relatively complete foreign aid mechanism with the expansion of foreign aid and the deepening of aid practices, and has formed its own distinctive characteristics in terms of the scale, proportion, channels, geographical distribution, funding use and focus areas of foreign aid. In this process, the motivations for the UAE's foreign aid have changed in different periods with the evolution of regional situations and adjustments in the country's foreign policy. Although conceptual factors such as Arab unity and Islam charity tradition once played an important role in the country's foreign aid policy, conceptual factors have become less influential since the 21st century and its foreign aid policy has been oriented towards security strategic considerations and political interests. After the outbreak of the Arab Spring, the UAE foreign aid has shown a trend of "politicization" and "securitization" with the intensification of regional geostrategic competition and the adjustment of the UAE foreign policy, and become an important policy tool to maintain domestic political stability, prevent the spread of revolution, participate in regional geostrategic competition and shape regional order.

Keywords: UAE; Foreign Aid; Foreign Policy; Abu Dhabi Development Fund

The International Refugee Regime Complex and Lebanon's Refugee Policy: Before and After the Syrian Crisis

Zhang Bozhen

Abstract: As global governance increasingly involves the interplay and overlap of various issue areas, the conventional international refugee regime - centred around the *1951 Convention Relating to the Status of Refugees* and the United Nations High Commissioner for Refugees (UNHCR) - has gradually evolved into an "International Refugee Regime Complex".

Lebanon, despite being an important country for the arrival and transit of refugees, has long maintained a refugee policy that diverges from the conventional refugee regime due to factors such as confessionalism, while the Syrian crisis has further exacerbated this misalignment. Nevertheless, within the framework of the "International Refugee Regime Complex", Lebanon has actively engaged with other international regimes and actors whose mandates intersect with refugee-related issues, thereby indirectly taking responsibility for refugee protection.

This article begins with an introduction to the "International Refugee Regime Complex" and proceeds to critically examine Lebanon's policy considerations and operationalization in face of refugee crises. In particular, the article analyzes Lebanon's interactions with both the conventional refugee regime and the refugee regime complex before and after the Syrian crisis, which provides a case study to contribute to existing literature on refugee governance.

Keywords: Regime Complex; International Refugee Regime Complex; Refugee Governance; Lebanese Politics; The Syrian Crisis

A Character Analysis of Naguib Mahfouz's *Trilogy*: The Dilemma of Kamal

Ni Ying

Abstract: The *Trilogy* by Naguib Mahfouz is hailed as a milestone of Arabic novels. Centered around three generations of a middle-class family, the novel reflects the vicissitudes of Egyptian society. Kamal, who belonged to the second generation, can be seen as a representative figure typical of his environment. This paper focuses on Kamal's mental crises in love, politics, and religious beliefs. It analyzes his hesitation and dilemma in the face of conflicting forces of the old and the new, which to a certain extent represents the crises faced by the author himself and many of his contemporary Egyptian intellectuals.

Keywords: The *Trilogy*; Naguib Mahfouz; Kamal

Features of Postmodernism in Naguib Mahfouz's Novel *Arabian Nights and Days*

Qin Ye

Abstract: *Arabian Nights and Days*, a novel created by Naguib Mahfouz, has distinct features of postmodernism. The contradictory structures in the text create a state of tension in which they are combined and repelled from each other, with the most prominent tension being between worldliness and faith, survival and death, and magic and reality. The existence of tension in the text dispels the central consciousness, enriches the meaning of the work, and enables readers to experience more deeply the artistic interest and aesthetic enjoyment brought by the diversified discourse space.

Keywords: Mahfouz; *Arabian Nights and Days*; Postmodernism; Sufism

Abdul Rahman Munif's Leftist Ideology and His Reflections on the Modernization of the Arab Nation

Huang Jiacheng

Abstract: Abdul Rahman Munif (1933–2004) was a prominent writer, politician, and economist of Saudi descent and Syrian nationality. As a committed socialist intellectual, Munif regarded "the liberation of humanity" as his central mission and pursued the ideals of freedom and democracy through fiction, which served as a vehicle for his political vision. This article traces Munif's political involvement and literary trajectory, analyzing how his novels reflect his political ideals and philosophical engagement. It explores his deep reflections on Arab nationalism and outlines his views on the modernization of the Arab nation. These include his advocacy for building a broad cultural front to confront the Palestinian question and his support for socialist development as an alternative to the crises produced by capitalism.

Keywords: Abdul Rahman Munif; Socialist Thinker; Palestinian Question; Modernization of the Arab Nation

Silence and Fiction: Female Writing and the Construction of Arab Female Experience in *The Blind Sindbad: Maps of the Ocean and War*

Wang Anqi

Abstract: Busayna al-ʿĪsa, a Kuwaiti female writer, published *The Blind Sindbad: Maps of the Ocean and War* in 2021, using a gender perspective to incorporate grand backgrounds such as war, and plague into female writing, while also integrating female experiences into the history of Kuwait. This article explores Arab female writing both within and outside the text, revealing the reasons why Arab female voices are difficult to articulate under multiple gazes and imprisonments. It analyzes the female friendships and experiences constructed within silence, arguing that the author initiates a gentle deconstruction of male centrism through selective silence and concessive fiction. The work embodies attitudes of the dulcified gender binary and reconstructs female gender identities, reflecting contemporary Arab feminism characteristics from one aspect.

Keywords: Kuwaiti Literature; Arab Feminism; Buthayna al-ʿĪsa; Female Writing; Female Experience

Development and Teaching Application of the Arabic General Word List

Alaa Mamdouh Akef   Wang Yingying   Yang Erhong   Fu Zhiming

Abstract: The Lexical Approach advocates using the frequency information of the lexis in the corpus to extract real language materials. However, the frequency does not apply to Arabic, which is the official language of 22 countries. General word is the "stable sense of language" of all the people who speak the same language, which can be monitored and quantified by constructing dynamic circulation corpus. This paper first proposes "general usage" instead of frequency as the standard to provide a more reasonable and standardized research perspective for the Lexical Approach. Then we integrate lots of indexes such as frequency, usage, and distribution uniformity. Furthermore, considering the characteristics of Arabic words, we propose the calculation methods of "general usage" and the technical schema. Finally, we apply the obtained 5078 general words in the revision of the "Arabic Chinese Dictionary", where a total of more than 300 entries such as neologisms, synonymous words, and derivative words are added and revised.

Keywords: Arabic; Dynamic Circulation Corpus; General Words; The Lexical Approach; Language Teaching

阿拉伯文摘要

أربعة استقصاءات في العلاقات بين عُمان والصين القديمة

وانغ شياوفو

ملخص: تناولتُ في أبحاثي الأخيرة العلاقات التاريخية بين عُمان والصين القديمة، وتوصّلت إلى أربع نتائج جديدة: (١) وصل اللبان العُماني، وهو من المنتجات الأصلية للمنطقة، إلى الصين بحلول القرن الخامس قبل الميلاد على الأقل؛ (٢) في عام ٠٠١ ميلادي، أرسلت دولتا ماجان وظفار العُمانيتان وفدًا مشتركًا إلى مدينة لويانغ الصينية، حيث منح الإمبراطور من أسرة هان الشرقية ألقابًا لملوكهما وهدايا لملوكهما؛ (٣) يشير مصطلح «تجار الأرساكيد–الفرس» في المصادر الصينية القديمة غالبًا إلى تجار من قبيلة الأزد العُمانية، بينما كان «التجار العرب» المذكورون فيها هم تجارة عُمانيون يدينون بالمذهب الإباضي؛ (٤) من المرجّح أن تكون طرق ونطاق رحلات تشنغ خه البحرية إلى «البحار الأربعة» قد تأثرت بأنشطة البحارة العُمانيين وتجارتهم البحرية المزدهرة.

الكلمات المفتاحية: طريق اللبان والحرير، ماجان، ظفار، التجار العرب، رحلات تشنغ خه البحرية

التفاعل الديناميكي بين التنوع اللغوي والتدرّج الاجتماعي في الأندلس: التناوب اللغوي في الأزجال

جي يوتينغ

ملخص: تبحث هذه الدراسة التناوب اللغوي بين اللهجة الأندلسية والرومانسية والأمازيغية في الأزجال لابن قزمان، وتحلل التفاعل الديناميكي بين التنوع اللغوي والتدرّج الاجتماعي في الأندلس خلال عهد المرابطين في ضوء نظرية الإشارية اللغوية

ونظرية اللغة الأساسية في التناوب اللغوي. تستكشف هذه الدراسة ظاهرة التنوع والترتيب اللغويين في الأندلس والعلاقة بين لغات معينة وطبقات اجتماعية معينة. لا تقتصر اللغات واللهجات على طبقات اجتماعية معينة، بل أصبحت جزءًا من الاستخدام اللغوي العام، بحيث يمكن اختيار اللغات واللهجات التي ترتبط بطبقات اجتماعية أخرى مع اختلاف السياقات. لا يعكس هذا الاختيار العلاقة بين الطبقات الاجتماعية واللغات فحسب، بل يؤكد على الهوية والعلاقات الاجتماعية التي ترتبط بها لغات ولهجات معينة. تشكلت العلاقة بين التنوع اللغوي والتدرّج الاجتماعي من خلال هذا التفاعل الديناميكي.

الكلمات المفتاحية: الأندلس، التنوع اللغوي، التدرّج الاجتماعي، التناوب اللغوي، الأزجال.

من التاريخ إلى الواقع: الأبعاد الثلاثة للمشكلة الأمازيغية في المغرب

هوانغ هوي

ملخص: منذ استقلال المملكة المغربية في عام ٦٥٩١، بدأت في بناء الهوية الوطنية حول المحورين العربي والإسلامي، وهو ما أدى إلى تهميش الأمازيغ المغاربة، الذين يشكلون ٠٤٪ من السكان، سياسيا واقتصاديا ولغويا وثقافيا حتى نشأت حركة الأمازيغ، التي تعتبر تحديدا كبيرا لبناء الهوية الوطنية للمملكة. وتتجلى مسألة الأمازيغ في المغرب في الأبعاد السياسية واللغوية والثقافية والاقتصادية. وإجمالًا، لم تتكون قوة المعارضة الأمازيغية القوية في المغرب و لم تكن درجة التسييس لهذه المسألة عالية، بل كانت المطالب الرئيسية الأمازيغية في المغرب هي السعي من أجل الحقوق اللغوية والثقافية. ولكن مسألة الأمازيغ في الريف المغربي تختلف عن التيار الرئيسي الأمازيغي في المغرب، فإن المشكلة الاقتصادية هي السبب الجذري في اتجاه الانفصالية المحلية في الريف المغربي. ولا يزال هناك طريق طويل للوصول إلى حل نهائي لهذه المسألة.

الكلمة المفتاحية: المغرب، الأمازيغ، الهوية الوطنية

المعونات الخارجية الإماراتية: الآلية والخصائص والدوافع

تشانغ روفنغ

ملخص: منذ تأسيس الإمارات العربية المتحدة عام ١٧٩١، أنشأت الدولة تدريجيا آلية متكاملة نسبيا للمعونات الخارجية مع توسيع حجم المعونات الخارجية وتعميق ممارساتها، وتتسم المعونات الخارجية الإماراتية بخصائصها المميزة من حيث الحجم والنسبة والقنوات والتوزيع الجغرافي واستخدام التمويل ومجالات التركيز. وفيما يتعلق بدوافع المعونات الخارجية الإماراتية، فقد

تغيرت في أوقات مختلفة مع تطور الأوضاع الإقليمية والتعديلات في السياسة الخارجية للدولة. رغم أن مفاهيم مثل الوحدة العربية والزكاة في الإسلام كانت تؤدي دورا مهما في سياسة المعونات الخارجية الإماراتية، قد أصبحت أقل تأثيرا منذ القرن الحادي والعشرين، وتقوم سياسة الإمارات للمعونات الخارجية على الاعتبارات الإستراتيجية الأمنية والمصالح السياسية. بعد اندلاع الربيع العربي، أظهرت المعونات الخارجية الإماراتية اتجاها نحو «التسييس» و«الأمننة» مع اشتداد المنافسة الجيوستراتيجية الإقليمية وتعديل السياسة الخارجية الإماراتية، وأصبحت المعونات الخارجية أداة السياسة المهمة للحفاظ على الاستقرار السياسي الداخلي، ومنع انتشار الثورات، والمشاركة في المنافسة الجيوستراتيجية الإقليمية وتشكيل النظام الإقليمي.

الكلمات المفتاحية: الإمارات العربية المتحدة؛ المعونات الخارجية؛ السياسة الخارجية؛ صندوق أبوظبي للتنمية

نظام اللاجئين الدولي المركَّب وسياسة اللاجئين في لبنان: قبل الأزمة السورية وبعدها

تشانغ بوتشن

ملخص: في سياق أن الحوكمة العالمية تنطوي بشكل متزايد على التفاعل والتداخل بين مختلف القضايا، ينتقل نظام اللاجئين الدولي التقليدي الذي يتمحور حول اتفاقية عام ١٩٥١ المتعلقة بوضع اللاجئين والمفوضية السامية للأمم المتحدة لشؤون اللاجئين (RCHNU) تدريجيا إلى ما يسمى بـ«نظام اللاجئين الدولي المركَّب».

على الرغم من أن لبنان بلد مهم لوصول اللاجئين وعبورهم، فقد حافظ منذ فترة طويلة على سياسة اللاجئين التي تختلف عن نظام اللاجئين التقليدي بسبب عوامل مثل الطائفية، في حين أن الأزمة السورية أدت إلى تفاقم هذا الاختلاف. ومع ذلك، في إطار «نظام اللاجئين الدولي المركَّب»، ينخرط لبنان بنشاط مع الأنظمة والجهات الفاعلة الدولية الأخرى التي تتقاطع صلاحياتها مع القضايا المتعلقة باللاجئين، ومن ثم تتحمل مسؤولية حماية اللاجئين بشكل غير مباشر.

تناقش هذه الدراسة بشكل نقدي اعتبارات السياسة اللبنانية وممارساتها عند معالجة أزمات اللاجئين بناء على مقدمة موجزة عن «نظام اللاجئين الدولي المركَّب». وعلى وجه الخصوص، تجري الدراسة تحليلا مفصّلا للتفاعلات المتنوعة بين لبنان ونظامي اللاجئين الدولي التقليدي والمركب قبل الأزمة السورية وبعدها، وتقدم الدراسة نموذجا مهما للدراسات حول إدارة اللاجئين.

الكلمات المفتاحية: النظام المركَّب، نظام اللاجئين الدولي المركَّب، إدارة اللاجئين، السياسة اللبنانية، الأزمة السورية

تحليل شخصية كمال التائه في «ثلاثية» نجيب محفوظ

ني ينغ

ملخص: تعتبر «الثلاثية» التي كتبها الكاتب المصري نجيب محفوظ علامة فارقة في الرواية العربية. تدور أحداث الثلاثية حول تقلبات الأوضاع التي طرأت على ثلاثة أجيال من عائلة تنتمي إلى الطبقة المتوسطة، مما يعكس التغيرات التي طرأت على المجتمع المصري. ويمكن القول بأن شخصية كمال التي تنتمي إلى الجيل الثاني في الرواية مثال نموذجي في بيئة نموذجية. تتخذ هذه الدراسة أزمة كمال الأيديولوجية في الحب والسياسة والمعتقد الديني محورا رئيسيا، وتحلل ارتباك هذه الشخصية وترددها في مواجهة القوى القديمة والجديدة، التي تمثل الكاتب نفسه إلى حد ما والأزمات المختلفة التي واجهها العديد من المثقفين المصريين في ذلك العصر.

الكلمات المفتاحية: «ثلاثية»، نجيب محفوظ، شخصية كمال

سمات ما بعد الحداثة في رواية «ليالي ألف ليلة» لنجيب محفوظ

تشين لي

ملخص: تتميز رواية «ليالي ألف ليلة» لنجيب محفوظ بسمات ما بعد الحداثة. تشكل الهياكل المتناقضة المتعددة في النص حالة من التوتر حيث تندمج بعضها مع بعض ويستبعد بعضها بعضا، وفي مقدمتها التوتر بين العلمانية والإيمان، والبقاء والموت، والسحر والواقع. يبدد وجود التوتر في النص الوعي المركزي حتى يثري معنى العمل ويتيح للقراء تجربة أكثر عمقا للذوق الفني والاستمتاع الجمالي اللذين جلبتهما فضاءات الخطاب المتعددة.

الكلمات المفتاحية: نجيب محفوظ، ليالي ألف ليلة، ما بعد الحداثة، الصوفية

عبد الرحمن منيف وأفكاره اليسارية وتأملاته في تحديث الأمة العربية

هوانغ جياتشنغ

ملخص: يُعد عبد الرحمن منيف (٣٣٩١–٤٠٠٢) أديبًا وسياسيًا واقتصاديًا بارزًا من أصل سعودي ويحمل الجنسية السورية. وبصفته مفكرًا اشتراكيًا ملتزمًا، جعل من «تحرير الإنسان» قضيته الجوهرية،

وسعى إلى تحقيق الحرية والديمقراطية من خلال الكتابة الروائية باعتبارها وسيلة لتجسيد رؤاه السياسية. يتتبع هذا البحث مشاركة منيف السياسية ومسيرته الأدبية، محللًا كيف تجسدت أفكاره ومبادئه في رواياته. كما يُبرز تأملاته العميقة في القومية العربية، ويعرض رؤيته لتحديث الأمة العربية، بما في ذلك دعوته إلى بناء جبهة ثقافية واسعة لمواجهة القضية الفلسطينية، وتبنيه خيار التنمية الاشتراكية كبديل عن الأزمات التي تفرزها الرأسمالية.

الكلمات المفتاحية: عبد الرحمن منيف، مفكر اشتراكي، قضية فلسطينية، تحديث الأمة العربية

الصمت والخيال: سندباد الأعمى: أطلس البحر والحرب: الكتابة النسائية وبناء التجربة النسائية في الأدب العربي

وانغ آنتشي

ملخص: رواية سندباد الأعمى: أطلس البحر والحرب للكاتبة الكويتية بثينة العيسى، التي نُشرت في عام ١٢٠٢، تستعرض العصر من خلال منظور جنساني، حيث تدمج خلفيات كبرى مثل الحرب والطاعون في الأدب النسائي العربي، وفي الوقت نفسه تُدرج التجارب النسائية في تاريخ الكويت. يستكشف هذا المقال الكتابة النسائية داخل النص وخارجه، ويكشف أسباب تجعل من الصعب على المرأة التعبير عن صوتها في ظل التحديق والمراقبة، ويحلل الصداقة النسائية والتجارب النسائية المبنية في الصمت. يرى المقال أن الكاتبة تشن تفكيكًا ناعمًا للمركزية الذكورية من خلال الصمت الانتقائي والخيال التنازلي. تعكس الرواية موقفًا يُضعف التناقض الجنسي لإعادة بناء الهوية الجنسانية النسائية، مما يعكس جانبًا من خصائص النسوية العربية المعاصرة.

الكلمات المفتاحية: الأدب الكويتي؛ النسوية العربية؛ بثينة العيسى؛ الكتابة النسائية؛ التجربة النسائية

استخراج الكلمات العربية العامة واستخدامها في تعليم اللغة العربية

علاء ممدوح عاكف   وانغ ينغ ينغ   يانغ أرهونغ   فوتشيمينغ

ملخص: يدعو النهج المعجمي إلى استخدام معدل تكرار المفردات في المدونات اللغوية للوقوف على الاستخدام الحقيقي للغة. لكن لأن اللغة العربية هي اللغة الرسمية لـ ٢٢ دولة، فحساب معدل تكرار المفردات اللغة العربية، لن يكون المعيار المناسب الذي يعكس الاستخدام اللغوي. بينما الكلمات العامة هي «الحس اللغوي المستقر» لجميع الأشخاص الذين يتحدثون نفس اللغة،

والذي يمكن رصده وحسابه من خلال بناء مدونة لغوية ديناميكية متداولة. ولذا، طرحنا في بداية ورقتنا البحثية استخدام «معدل العمومية» بدلاً من معدل التكرار ليكون معيارًا يوفر منظورا بحثيا قياسيا أكثر منطقية للنهج المعجمي. وبعد ذلك، طرحنا مجموعة من الطرق الإحصائية والتقنية لحساب معدل عمومية مفردات اللغة العربية، وذلك عن طريق دمج معدل التكرار ومعدل الاستخدام وتوزيع تكرار المفردات وغيرها من المؤشرات الإحصائية للمفردات، وأخيرًا، طابقنا الكلمات العامة التي حصلنا عليها والبالغ عددها ٨٧٠٥ كلمة بمدخلات «معجم العربية الصينية»، وتوصلنا إلى إمكانية تنقيح وإضافة ما يزيد عن ٣٠٠ مدخل معجمي تتمثل في كلمات جديدة ومترادفات ومفردات اشتقاقية مختلفة.

الكلمات المفتاحية: اللغة العربية، المدونة اللغوية الديناميكية المتداولة، قائمة الكلمات العامة، النهج المعجمي، تعليم اللغة.

图书在版编目（CIP）数据

北大中东研究 . 总第 5 期 / 付志明主编；廉超群副
主编 .-- 北京：社会科学文献出版社，2025.6.
ISBN 978-7-5228-4698-9

Ⅰ .D737

中国国家版本馆 CIP 数据核字第 2025UX5009 号

北大中东研究（总第5期）

主　　编／付志明
副 主 编／廉超群

出 版 人／冀祥德
责任编辑／高明秀
责任印制／岳　阳

出　　版／社会科学文献出版社·区域国别学分社（010）59367078
　　　　　地址：北京市北三环中路甲29号院华龙大厦　邮编：100029
　　　　　网址：www. ssap. com. cn
发　　行／社会科学文献出版社（010）59367028
印　　装／唐山玺诚印务有限公司

规　　格／开本：787mm×1092mm　1/16
　　　　　印张：11.25　字数：180千字
版　　次／2025年6月第1版　2025年6月第1次印刷
书　　号／ISBN 978-7-5228-4698-9
定　　价／98.00元

读者服务电话：4008918866